AF649887

Susanne Schaber

# Lesereise Triest

Susanne Schaber

# Lesereise Triest

*Poesie von Wind, Wasser und Stein*

Picus Verlag Wien

*Für Ursula und Rainer – kein Berg zu hoch*

MIX
Papier aus verantwortungsvollen Quellen
FSC® C004378
FSC
www.fsc.org


Grafische Gestaltung: Dorothea Löcker, Wien
Umschlagabbildung:
© mehdi33300 / Shutterstock
Druck und Verarbeitung:
EuroPB, s.r.o., Tschechische Republik
ISBN 978-3-7117-1108-3

Informationen über das aktuelle Programm
des Picus Verlags und Veranstaltungen unter
*www.picus.at*

# Inhalt

# Es braust, brüllt, donnert und dröhnt

*Windenergie pur: Die Bora ist der Atem der Stadt*

*Die Bora klettert*
*auf die Mauern, schreit,*
*ins Fenster: Wer?*
*Das Fenster erhellt*
*die Finsternis.*

Srečko Kosovel

Eigentlich kann es einen Ort wie diesen nicht geben. Weil sich nicht festhalten lässt, was flüchtig ist. Und doch: Er existiert. Zumindest in Triest. Präziser gesagt: in der Via Belpoggio 9, nur ein paar Schritte vom Bacino Sacchetta entfernt, wo die Segelboote im Wasser schaukeln. Eine ruhige Gegend, in der die Tage langsam dahinziehen. In den Bars sitzen Pensionisten. Zum *caffè* gibt es die Nachrichten aus *Il Piccolo* und den neuesten Tratsch aus der Nachbarschaft. Ein paar *trattorie*, Läden mit Fischereibedarf, der Bäcker, die Apotheke. Fast schon dörflich, jeder kennt jeden. Und mittendrin die Via Belpoggio. Auf Nummer 9 ein etwas heruntergekommenes vierstöckiges Haus. Der Putz bröckelt, Feuchtigkeit sitzt in den Mauern. Hier soll er sein, der ominöse Nicht-Ort, jener Platz, den sich die Fantasie erschaffen hat.

Besuch nur nach Verabredung. Und dann biegt Rino Lombardi um die Ecke. Ein quirliger Mann, groß, schlank, hellwache Augen hinter den Brillen, die Hände ständig in Bewegung. Er schließt auf, eine Tür, dann eine zweite. Zugang zu einem Tresor? Signor Lombardi strahlt: sein Reich, gut geschützt und gegen feindliche Angriffe verteidigt. Knappe fünfundfünfzig Quadratmeter groß, früher einmal ein Lager für Papier. Und inzwischen ein Museum für die Bora und die Winde aus aller Welt. Sein Magazzino dei Venti sei ein Paradoxon, lacht er. »Wind braucht Raum, er ist nichts, was man einfängt. Also ist das meiste, das ich präsentiere, gar nicht sichtbar.« Unsichtbar und doch da. »Das kleinste Museum weit und breit – und vielleicht das wichtigste. Weil man bei mir mehr erfährt über unsere Lebensweise und Identität.«

Triest, die Stadt der Winde. Auf dem Molo Audace, wo dereinst die Passagier- und Handelsschiffe anlegten, stemmt sich ein Poller aus Bronze gegen den Sturm. Eine *rosa dei venti* erzählt von Scirocco, Maestrale, Libeccio und Grecale. Und mittendrin ein frecher Cherub, mit aufgeblähten Wangen: die Bora, die mächtigste von ihnen. Bündelt sich im Nordosten und rast mit bis zu zweihundertfünfzig Stundenkilometern von den Anhöhen des Karsts auf das Meer zu, mit einem Heulen, Pfeifen und Brausen, einem Brüllen, Dröhnen und Donnern.

Ohne Bora kein Triest, heißt es, sie sei die Musik der Stadt, ihre Seele: gefürchtet, geliebt und gehasst. Die Melodie gegen Langeweile und Gleichklang, der Frischekick, wenn Melancholie und Schwermut über den Häusern hängen. Ein Geschenk der Götter, verpackt in eine anrührende Liebesgeschichte. Eines Tages, so die Legende, brach Aiolos, der Herr der Winde, mit seinen Kindern zu einem Spaziergang auf. Unter ihnen seine Tochter Bora, ein kapriziöses, eigensinniges Wesen. Auf einem Plateau, das steil zum Meer abfiel, entfernte sie sich von der Gruppe, um mit den Wolken zu spielen, und fand sich unversehens in einer Höhle wieder. Dort begegnete sie Tergesteo, einem der Argonauten, frisch zurückgekehrt von den Abenteuern rund um das Goldene Vlies.

Die Liebe traf die zwei wie ein Feuer. Eine Woche lang vergnügten sich die beiden in der Einsamkeit der Höhle, das schiere Glück. Bis Vater Aiolos seine abtrünnige Tochter in den Armen des Fremdlings aufspürte. Und weil er die Verbindung missbilligte, geriet er in Wut und schleuderte den jungen Mann so heftig gegen die Felsen, dass dieser starb. Der weinenden Bora aber befahl er, schleunigst nach Hause zu laufen. Doch die war so erzürnt über den Mord durch die Hand ihres Vaters, dass sie sich seinen Anordnungen widersetzte: Sie würde ihrem Liebsten die Treue halten und sich nicht mehr vom Fleck rühren, beschloss sie unter lautem Wehklagen. Jede ihrer Tränen wurde zu einem Stein. Bis das gesamte Plateau mit Felsbrocken bedeckt war: der Karst. Während sich Blutstropfen aus dem Körper des Toten in Sumach verwandelten, eine tiefrote Pflanze, die bis heute in der steinernen Wüste glüht. Das Meer erbarmte sich schließlich des geschundenen Leichnams und bedeckte ihn mit Algen,

Muscheln und Seesternen, sodass sich ein Hügel bildete, auf dem Triest entstand: Tergeste. Während Bora bis heute im Hinterland weiterlebt. Wenn sie glücklich ist und sich von den Armen ihres toten Geliebten umfangen fühlt, schickt sie leichte Brisen aus, wenn sie aber wehklagt und schreit, wird es stürmisch und kalt.

So könnte es gewesen sein, so könnte die Bora geboren worden sein. Die Meteorologen lächeln nachsichtig. Sie wissen es besser. Die Bora ist ein Fallwind aus der Familie der katabatischen Winde. Sie frischt auf, sobald polare Kaltluft gen Süden wandert und dort von den Bergketten eingekesselt wird. Bei entsprechendem Luftdruck drängen die kühlen Massen mit enormer Kraft über die Gebirgspässe. Für Triest ist dies die Porta di Postumia in Slowenien. In diesem Korridor wachsen die Böen zu Orkanen an. Sobald sie vor der Küste auf wärmere Gebiete treffen, entladen sie sich mit einer Wucht, »die Bäume entwurzelt, die Schiffe versinken lässt, und Rastlosigkeit in die Seelen der Menschen trägt«, wie der Dichter Srečko Kosovel schreibt. Die *refoli* werfen sich über die Hänge des Karsts, verkrüppeln Bäume und Büsche, reißen Ziegel von den Dächern und fegen Schafe und Ziegen über die Weiden. Um dann weiterzustürmen durch die Straßen und Gassen Triests. Mit Regen und schneidender Kälte gefriert der Boden. Eine Eisschicht überzieht Masten und Leitungen, arktisch anmutende Temperaturen lähmen die Stadt. Die Bora hat kriegerische Gefechte zum Erliegen gebracht und den Fuhrverkehr gelähmt, sie hat Tote auf dem Gewissen: wenn Menschen von umgestürzten Pfosten oder Lastwagen getötet wurden, wenn Fischer auf dem Meer gekentert und ertrunken sind, wenn Touristen im Karst von Spazierwegen abkamen, sich verirrten und erfroren.

Die Bora kann drei, sechs oder neun Tage dauern, je nachdem, ob sie Mutter, Tochter oder Großmutter ist, wie die Triestiner sagen: länger im Winter, während der Spuk im Sommer meist nach ein paar Stunden wieder vorbei ist. Schon eine Weile vorher kündigt sie sich an. Im Westen – und wieder ein Paradoxon – wird dann die Luft klarer, die Dolomiten und Karnischen Alpen rücken auf beinahe magische Weise an die Stadt heran. Eine innere Unrast beschleicht die Menschen, eine seltsame Form der Extravaganz und Überspanntheit im Alltag. Unfälle häufen sich, Reibereien, Handgreiflichkeiten und Selbstmorde. Ehe es schließlich losgeht mit dem Wind. Die Bora scura bringt Nebel und Niederschläge, die Bora chiara hingegen vertreibt Wolken und verheißt Schönwetter. Manchmal bleibt es bei einem schwächlichen Borino. Oder er wächst sich doch zu einem Borasco aus, zu einem plötzlichen Unwetter, das das Wasser aufwühlt und sich erst draußen auf dem Meer beruhigt. So es nicht bis nach Venedig weiterzieht und *acqua alta* auslöst.

Wer nicht von Kindesbeinen an vertraut ist mit der Eigenart des Triestiner Klimas, wird staunen – oder sich fürchten. »Gestern ging ich in einem großen Wald bei Triest spazieren. Der verdammte monotone Sommer war endlich vorbei«, schwärmte James Joyce im Herbst 1905 in einem Brief an seinen Bruder Stanislaus. »Der Regen und die sanfte Luft erinnerten an das wundervolle (ich scherze nicht!) Klima Irlands. Ich hasse diese verdammte, alberne Sonne, die aus Männern Butter macht. Ich ließ mich, fern von irgendjemandem, auf einer Bank nieder, umgeben von Bäumen. Die Bora raunte durch die Wipfel, und ich atmete den Duft der Erde.«

Was man auch anders sehen mag. »Die Bora wütet zweimal die Woche, und fünfmal herrscht ein starker Wind«, so Stendhal, der 1830 als französischer Konsul in Triest stationiert war. »Ich nenne es starker Wind, wenn man unablässig damit beschäftigt ist, seinen Hut festzuhalten, und Bora, wenn man Angst haben muss, sich den Arm zu brechen. Gestern wurde ich vier Schritte weit geschleudert. Es braucht schon Mut genug, wenn man katalanischen Räubern über den Weg läuft, aber, meine Herren, dieser Wind verdreht mir die Eingeweide.«

So ein Typ wie Stendhal sei eben ein *mborezà*, ein übermäßig aufgeregter Mensch, spotten die Triestiner. Während Dachziegel abstürzen, Motorroller umkippen, Müll durch die Luft wirbelt und Container durch die Straßen gondeln, beschwört und feiert man den Segen der Bora. Was sie nicht alles kann: nimmt Krankheiten mit, stärkt den Körper und Charakter und vertreibt trübe Gedanken. Die Bora sei Stimme und mächtiger Atem der Stadt, so der Schriftsteller Mauro Covacich. »Spürt ihr die saubere Luft heute? Spürt ihr dieses Kribbeln in der Nase? Habt ihr je einen so strahlenden Himmel erlebt? Einen Himmel wie lackiert? Abgesehen davon, dass man mit der Bora richtig Spaß haben kann.«

Sie elektrisiert den Geist, pure Energie, ein kreativer Turbo. Rino Lombardi kann das nur bestätigen. Ohne die Bora kein Museum, kein permanenter Auftrieb, kein Höhenflug der Fantasie. Sie sei *»un po' di morbin, un po' di follia e tanta poesia«:* Frohsinn, Verrücktheit und jede Menge Poesie. Rinos Lebenselixier. Eigentlich ist er in der Werbebranche tätig, der Broterwerb. Seine Leidenschaft aber ist das Museum. Ein Einmannbetrieb, Rino ist Direktor, Kurator und Kulturvermittler in Personalunion. Er hat klein begonnen, mit der Bora in scatola: Böen bester Qualität, in einer Dose konserviert. Die Bora da matti, die Bora der Verrückten also, wie sich das Souvenir nannte, wurde zum idealen Mitbringsel. Ein Verkaufshit – und der Erlös ein erster Baustein für Rinos Luftschloss. Ein Museum zu Ehren der Winde, davon träumte er schon ewig. Und fand 2004 ein desolates Magazin in Hafennähe. Dort sollte sein Labor entstehen.

Ein Raum wie eine Höhle, vollgestopft vom Boden bis zur Decke. Rino Lombardi setzt zu seinem Streifzug an, obwohl er sich in diesem Durcheinander kaum rühren kann. Im Chaos steckt eine Art innere Ordnung: in zwanzig – *venti,* wie sonst? – Stationen durch den Kosmos der Winde. Mit einer besonderen Hommage an die Bora, mit Fotos, Kunstwerken, Büchern und kuriosen Objekten. Die dicken Seile etwa, die man früher an den Mauern anbrachte und an denen sich die Spaziergänger festhielten, um nicht zu taumeln und zu fallen, wenn sie eine heftige Böe erwischte. Die schweren Eisenstücke, die man den Kindern in die Schultaschen lud, um sie vor dem Abheben zu bewahren. Alte Zeitungen, unter Pullover und Hemden gestopft als Schutz vor Frost, dazu Schuhe mit Spikes. Oder auch die aus den Stoffen der vom Wind verdrehten, kaputten Regenschirme gefertigten Taschen und Drachen. Upcycling à la Triest.

Herzstück des Museums ist das Archiv für das *progetto centoventi,* ein weltumspannendes Vorhaben: Hundert Winde wollte Rino sammeln und startete dafür einen Aufruf, man möge ihm Böen aus allen Erdteilen schicken. Und da steht er nun und öffnet einen Schrank, dicht gefüllt mit Fläschchen und Gurkengläsern, kleinen, sorgfältig beschrifteten Phiolen und Mini-Bouteillen. Föhn aus Salzburg, Scirocco aus Trapani, Hurrikan Ophelia aus Dublin, Taifun Hagibis aus Japan und ein Set mit sieben unterschiedlichen Winden aus Usbekistan. »Unlängst habe ich Post vom Lago d'Iseo bekommen, mit einer Dose und einem Brief: Der Poltragnino habe sich freiwillig in die Box bewegt, ohne Anwendung von Gewalt, stand darin zu lesen.« Rinos Zuträger dürfen sich »Botschafter des Windes« nennen. Über dreihundert sind es geworden, ungleich mehr, als je erwartet, Tendenz steigend. Einige seiner mit Urkunden bedachten Gesandten kennt Rino Lombardi persönlich, weil sie bei ihm in der Via Belpoggio vorgesprochen haben, mit anderen korrespondiert er via Mail, auf »Esperavento, einer Mischung aus Esperanto & Vento«, wie er grinsend erklärt. So entwickeln sich Freundschaften und Verbindungen, über Grenzen und Ozeane hinweg.

Rinos Netzwerk und sein *magazzino* strahlen über Triest hinaus. Inzwischen haben die Tourismusmanager das Potential der Bora erkannt. Sie promoten die Stadt als Abenteuerspielplatz: Lassen Sie im Herbst und Winter elegante Mäntel, Schuhe und Hüte zu Hause, so die Empfehlung. Besser man hat Anorak, Schal, Mütze und dicke Fäustlinge mit dabei, dazu Stiefel, wenn möglich wasserfest. Um so ausgerüstet zu sein für eine Expedition ins Auge des Sturmes. Eine Broschüre führt zu jenen Plätzen, an denen sich die Bora am intensivsten sehen, hören und fühlen lässt. Vom Molo Audace, wo man die Bucht und das Wüten des Meeres im Blick hat – *poesia visiva,* visuelle Poesie –, geht es zum Canal Grande, einem gefährlich dröhnenden Windkanal, und weiter bis nach Sacchetta, wo die Boote mit den Wellen kämpfen.

Ein Erfolg für Rino, die neu geweckte Aufmerksamkeit für die Bora und sein Magazzino dei Venti. Und wer weiß? Vielleicht werden seine Bitten doch noch erhört. Ein wirklich großes, seiner einzigartigen Sammlung angemessenes Museum wünscht er sich. Wahrscheinlich ist der eine oder andere Saal dann einfach leer – und gefüllt mit einem ganzen Orchester an Winden, von ihm dirigiert. Der Porto

Vecchio wäre ein idealer Ort für seinen Auftritt, der alte Hafen, wo man einige der ehemaligen Industriebauten renoviert hat. Noch ist nichts beschlossen, vorerst erprobt sich Rino vor kleinerem Publikum als Maestro der Lüfte. Und als Pilot: Der winzige Teppich, den er vor uns ausbreitet, findet gerade noch Platz in seiner bescheidenen Klause.

»Setzt euch drauf, wir heben gleich ab und fliegen los. Geschlossene Grenzen? Nicht für uns. Und keine Sorge, die Windböen werden uns treiben und sicher ans Ziel bringen.«

Wo immer das dann liegen mag: Die Träume sind mit an Bord. *Buon vento.*

# Vorwärts!

*Triest, der Lloyd und der Hafen: Echos und Erinnerungen*

> *Die Zeit […] vertieft sich und füllt sich mit Echos und Erinnerungen, die sich nach und nach zu einem Mosaik zusammenfügen; sie kommen in kleinen Strudeln aus einem unbestimmten Magma herauf, das sich lange Jahre in einem dunklen, nie ausgeloteten Grund angesammelt hat.*
>
> Marisa Madieri, Wassergrün

Die Triestiner reiben sich die Augen. Draußen am Meer, ein Stück vor der Küste, treibt ein stählernes Ungetüm durch die Fluten. Gischt brandet gegen das Gestänge, der Regen peitscht auf den Rumpf. Die Böen jagen Nebel übers Wasser. Trüben sie den Blick oder ist es eine Fata Morgana? Kurz darauf trifft eine polizeiliche Meldung ein, die Vermutungen bestätigt: Der Ursus, ein schwimmender, im Porto Vecchio verankerter Kran, hat sich losgerissen. Nun geht der Tausendfünfhundert-Tonner auf große Reise, von der Bora aus dem Hafen geschleudert, mit Kurs auf Süd-West.

In jenen Märztagen von 2011 herrschen in Triest Unruhe und Chaos. Die Wetterlage ist außergewöhnlich. Schon im Februar hat man unter besonders heftigem Wind gelitten. Für die Nacht vom

1. auf den 2. März gibt die meteorologische Station von Osmer eine besondere Warnung heraus und kündigt Sturmspitzen von knapp hundertsiebzig Stundenkilometern an. Besser, man verriegelt Türen und Fensterläden und harrt zu Hause aus, so die Empfehlung, der die meisten Triestiner folgen. Wer sich am Morgen des 2. März auf die Straße wagt, staunt über das wundersame Bild: Der Ursus, vermeintlich unverrückbar an einer Mole befestigt, tanzt auf den Wellen davon, den Geruch der Freiheit in der Nase. Eines der Wahrzeichen von Triest scheint verloren.

1913 konstruiert und verschweißt, galt der Bär, wie man den Kran getauft hat, als eine der mächtigsten Hebemaschinen, die je errichtet worden waren: ausgestattet mit einem leistungsstarken Dieselmotor und einem Arm, der es schaffte, selbst Lasten von dreihundertfünfzig Tonnen emporzuhieven. Der Kriegsausbruch verhinderte seinen Einsatz, danach lagen seine Kräfte brach. Erst 1931, als in der Werft von San Marco der Auftrag für den Bau des riesigen Luxusdampfers »Conte di Savoia« einging, wurde der Ursus in Betrieb genommen. Fortan stand er laufend in Verwendung, ehe man ihn 1994 in Pension schickte. Die Verschrottung wurde angekündigt. Was die Triestiner in Aufruhr versetzte: Der Ursus ist Teil der Silhouette des Hafens, ein Industriedenkmal und einer von lediglich drei Kränen dieser Art, die es weltweit noch gibt. Also kämpfte man dafür, dass er bleiben durfte. Seither thront er auf seinem Ponton im Porto Vecchio, als

Erinnerung an die goldenen Zeiten des Handels und der Schifffahrt. Bis zu jener Nacht Anfang März 2011, da sich der Ursus losreißt. Ein böses Omen?

Triest lebt mit dem Meer – und von ihm. Schon die Römer wissen die Lage der Siedlung als Grenzbastion zu nutzen und stationieren dort Soldaten. Tergeste steht im Schatten von Aquileia, damals noch an der Küste gelegen und als Hafen geschätzt. Nach dem Untergang des Imperium Romanum wechseln die Machthaber mehrfach. Die Bewohner wähnen sich endlich in Sicherheit, als sie sich 1382 in die Herrschaft der Habsburger fügen. Eine Hassliebe: Der Wiener Hof garantiert Sicherheit im Kampf gegen die unpopulären Venezianer. Damit aber begibt man sich in die Hände eines bürokratischen Apparats, der Entscheidungen zentralistisch fällt, ohne auf die Bedürfnisse der einzelnen Regionen Rücksicht zu nehmen. Für den Kaiser ist Triest mit seinen fünftausend Einwohnern nicht viel mehr als eine verschlafene Kleinstadt am Rande seines Reiches. Man betreibt etwas Handel, hauptsächlich mit Salz, Landwirtschaft und Fischfang. Davon wird man nicht wohlhabend.

Die Wende kommt, als Österreich ein Netz an Handels- und Militärstützpunkten am Mittelmeer knüpft. Kaiser Karl VI. orientiert sich an den Niederlanden und Großbritannien, als er Triest 1719 zum Freihafen ernennt. Beide Länder sind durch den Fernhandel vermögend und mächtig geworden. Nach diesem Vorbild versuchen auch die Habsburger, ursprünglich wenig interessiert am Zugang zum Meer, an den Segnungen des internationalen Warenaustauschs zu partizipieren.

Triest profitiert von den ambitionierten ökonomischen Strategien. Das Privileg der Zollbefreiung für die im Hafen verladenen Handelsgüter, die in ganz Mitteleuropa auf den Markt gelangen, verhilft der Stadt zu Wohlstand. Kaufleute, Unternehmer und Reeder wandern zu, und mit ihnen Seeleute und Hafenarbeiter. Unter der Regierung von Maria Theresia und ihres Sohnes Joseph II. werden die ehemaligen Salzgärten trockengelegt und moderne Stadtviertel aus dem Boden gestampft. Man konzipiert ein geometrisches System von Straßenachsen mit einer Reihe imposanter Palais nach dem Vorbild von Wien, Budapest oder Zagreb. In den Untergeschoßen sind Kontore und Warenlager untergebracht, in den Etagen darüber logieren Geschäftsmänner mit ihren Familien, unter dem Dach die Dienstboten und Domestiken. Werften entstehen, Lagerhallen und Werkstätten. Der Canal Grande, zwischen 1754 und 1766 ausgehoben, avanciert zur wirtschaftlichen Lebensader der Stadt: Hier werden die Segelschiffe be- und entladen, hier entsteht ein Handelszentrum, das Geld in die Stadt- und Staatskassen spült.

Weitere Privilegien befördern den Aufstieg Triests. Die Männer sind vom Wehrdienst befreit, Glaubensfreiheit und Toleranz garantiert und der Zuzug von Immigranten erwünscht. Mit dem

Durchbruch der Dampfschiffe beginnen prosperierende Zeiten: Während Segelflotten von Wind und Wetter abhängig sind und daher als entsprechend unzuverlässig gelten, schafft man es nun, sehr viel präziser zu planen. Die »Carolina«, in Triest gebaut und mit einer Zweizylinder-Dampfmaschine aus der berühmten Fabrik von James Cook ausgestattet, wird am 4. Dezember 1818 vom Stapel gelassen und nimmt kurz darauf ersten regelmäßigen Verkehr mit Venedig auf: der Startschuss für die Linienreederei, wie man sie von Triest aus höchst einträglich organisiert. Was in der Folge auch die Versicherungsgesellschaften auf den Plan bringt. Am 20. April 1833 schließen sich sieben dieser *assicurazioni* zum Österreichischen Lloyd zusammen. Nach Vorbild von Lloyd's of London sucht man Kapitäne, Kaufleute und Spediteure mit aktuellen Informationen über Märkte, Häfen und politische Fährnisse zu versorgen: eine Art Risiko- und Schadensbegrenzung auf hoher See.

Der Erfolg des Lloyd mündet 1835 in die Gründung einer Reederei. Bald schon läuft man Korfu, Piräus, Konstantinopel oder Alexandria nach Fahrplan an. Gute Voraussetzungen, sich für die Agenden des offiziellen Postverkehrs zu empfehlen und damit zusätzliche Routen anzubieten. Man expandiert nun so zügig, dass die Errichtung eines eigenständigen Arsenals in Sant'Andrea in der Bucht von Muggia unumgänglich erscheint. Dort beschäftigt man anfangs achthundert, später bis zu dreitausend Ingenieure, Werkmeister und Arbeiter.

Für sie und die Seeleute und deren Familien müssen Unterkünfte geschaffen werden, was die Bauindustrie neuerlich ankurbelt und die Stadtgrenzen Triests nach Norden und Osten hin verschiebt.

Es gelingt dem Direktorium, den Lloyd durch Krisen und finanzielle Engpässe zu steuern, nicht zuletzt auch mit Zuschüssen aus der kaiserlichen Schatulle. Zum Preis einer größeren Abhängigkeit von Wien. Triest hat endgültig das Erbe der Serenissima angetreten, die die Adria und das östliche Mittelmeer jahrhundertelang dominiert hat und sich nun ihrem Niedergang gegenübersieht. »Wie kam es, dass Triest und nicht Venedig zur Wiege der wieder aufblühenden Schifffahrt wurde?«, fragt sich Karl Marx 1857 in einer Reportage für die *New York Daily Tribune* und liefert seine soziologische Interpretation gleich mit. »Venedig war eine Stadt der Erinnerungen; Triest hatte gleich den Vereinigten Staaten den Vorzug, überhaupt keine Vergangenheit zu besitzen. Von einer bunten Gemeinschaft aus italienischen, deutschen, englischen, französischen, griechischen, armenischen und jüdischen Händlern und Spekulanten erbaut, war es nicht wie die Lagunenstadt mit Traditionen behaftet.«

Inzwischen zählt Triest, seit 1857 durch die Südbahn mit Wien verbunden, neben Hamburg, Rotterdam und Marseille zu den größten Häfen Europas. Durch das wachsende Eisenbahnnetz floriert die Wirtschaft noch zusätzlich. Aus den Industriegebieten Ungarns, Böhmens und Mährens werden

Güter an die Adria verladen und weiter verschifft. Der Lloyd unterhält Agenturen in allen wichtigen Handelszentren in Indien, Sri Lanka, Indonesien oder China. Aus Asien importiert man Zucker, Kaffee, Gewürze, Tabak oder Baumwolle nach Europa und beliefert damit die Metropolen des Kaiserreichs. Zugleich sind die lokalen Agenturen inoffizielle Botschaften der k. u. k. Monarchie und damit Umschlagplätze für Meldungen, Gerüchte und Klatsch.

Als 1869 der Suezkanal eröffnet wird, wähnt sich der Lloyd, selbst an der Errichtungs- und Betreibergesellschaft beteiligt, auf einem Höhenflug. Zur Eröffnung reisen Kaiser Franz Joseph I. und drei Schiffe aus der Flotte an. Sie haben die Ehre, dem vordersten Konvoi anzugehören, der den Kanal passiert. Spätestens jetzt werden Stimmen laut, man möge die Erfolge in einem angemessenen Firmensitz vorführen. Heinrich von Ferstel, der in Wien zuletzt die Votivkirche geplant hat, liefert den Entwurf eines Palais auf der prestigeträchtigen Piazza Grande: fast schon ein Tempel für den Lloyd, jedenfalls aber eines der prächtigsten, im Stil der Neoklassik entworfenen Gebäude auf der heutigen Piazza dell'Unità d'Italia.

Eine vertrauenserweckende Repräsentanz auch für Privatreisende, die hier vorsprechen. Wer es sich leisten kann, bricht auf, um ferne Länder und Erdteile zu erkunden. Die Stadtmauern von Ragusa, die Akropolis, die Pyramiden: Triest wird auch touristisch ein Tor zur Welt. Die Flotte des Lloyd sorgt für standesgemäße Herbergen auf hoher See, mit komfortablen Kabinen und bis zu fünf Mahlzeiten pro Tag, serviert in feudalem Ambiente. Die mit Mahagoni getäfelten Säle sind mit Lüstern, Spiegeln und Bronzen ausgestattet, Gemälde und Teppiche zieren Wände und Boden. Die Speisekarte für das Diner des 15. September 1912, wie man es auf der »Thalia« zelebriert, liest sich wie das Menü in einem der Luxusrestaurants an Land: Der Suppe vom Kalbschweif folgen Hecht und Kartöffelchen in zerlassener Butter und Filet Wellington mit Auberginen, gebratenem Kürbis und Karden in Oberssauce. Zum Abschluss des Hauptgangs Brathuhn mit Salaten der Saison. Zum Dessert ein Pudding aus Pralinen mit Marillensauce und Kaffee. Die verwöhnte Klientel erhebt sich zufrieden, lustwandelt noch kurz an Deck und zieht sich dann in die Bar oder zu Bridge oder Schach in einen der Salons und in die Bibliothek zurück.

Es bleiben keine Wünsche offen, bei dieser frühen Form des All-inclusive-Tourismus, das Pauschalangebot umfasst sogar die Reiseführer, die der Lloyd in der konzerneigenen Druckerei herstellt. »Vorwärts« lautet der stolze Wahlspruch, ihm fühlt man sich verpflichtet. Thessaloniki, Port Saïd und Beirut, Bombay, Shanghai, Singapur und Colombo, Rangun und Nagasaki: Zwischen 1837 und 1914 pflügen sich zweihundertzwanzig Dampfer über die Ozeane, mehr als siebenunddreißig Millionen Tonnen Waren werden umgeschlagen und über einundzwanzig Millionen Passagiere befördert.

Doch sosehr sich der Lloyd bemüht, seinem Ruf gerecht zu werden: Die Konkurrenz wächst und zugleich die Abhängigkeit von Wien und den Subventionen aus der Reichskasse. Der Erste Weltkrieg bringt die zivile Schifffahrt zum Erliegen, die Seeleute werden eingezogen und die Dampfer in schwimmende Lazarette und Truppentransporter verwandelt. Nach dem Zusammenbruch der Monarchie wechselt der Österreichische Lloyd in den Besitz des italienischen Staates und wird bis 2006 als Lloyd Triestino und danach als Italia Marittima betrieben.

Der heutige Hafen erstreckt sich auf einem Gelände östlich des Zentrums, wo sich Molen und Hallen in die Brachen und ins Meer fressen. Sein Steckbrief klingt monumental: zwei Millionen dreihundertviertausend Quadratmeter, mit zwölf Kais und siebenundvierzig operativen Liegeplätzen. Dazu fünfundsiebzig Kilometer Geleise, mit Anschlüssen zu allen Kais, und das riesige Tanklager bei San Dorligo della Valle knapp vor der slowenischen Grenze. Dort wird jenes Öl zwischengelagert, das von Triest aus über eine unter den Alpen verlegte Pipeline nordwärts gepumpt wird: täglich so viel, wie zehntausend Lkw-Tanklaster fassen könnten. So sichert man den Großteil der Ölversorgung für Österreich und Süddeutschland und beliefert zudem noch Gebiete in der Tschechischen Republik. Zuletzt waren in Triest auch chinesische Konsortien auf Einkaufstour. Sie versprechen vollmundig, die alten Seidenstraßen neu zu beleben.

Was der Stadt einen weiteren Aufschwung bescheren könnte. So sie sich auf die Bedingungen und Vorgaben ihrer neuen Partner einlässt.

Während der Porto Vecchio im Tiefschlaf versinkt. Hinter rostigen Zäunen verfallen Speicherhäuser, Lager und Magazine. Architekten und Bauträger liebäugeln mit dem Areal, Künstler entwickeln Ideen, wie das Gelände mit seiner unglaublichen Aura neu gestaltet und bespielt werden soll, mit dem Ursus als Symbol dafür, dass man den alten Hafen nicht aufgibt. An jenem 2. März 2011, da er sich losgerissen hatte, waren alle Augen auf den Koloss gerichtet, der auf den Wellen schaukelte. Polizei und Hafenbehörde beriefen eine Krisensitzung ein. Wenig später wurden zwei Schiffe losgeschickt, um den Ausreißer heimzuholen. Sie schleppten ihn zurück zu seiner Mole, wo man ihn fester denn je am Kai vertäute.

Der Ursus gehört zu Triest so wie der Hafen und das Meer, als Zeichen des Selbstbewusstseins einer Stadt, die nicht existieren würde ohne die unendliche Weite des Horizonts. Und die sich zurückträumt in jene Zeiten, da ihre Flaggen um die Welt segelten. »Echos und Erinnerungen«, so die Triestiner Autorin Marisa Madieri hellsichtig, die »in kleinen Strudeln aus einem unbestimmten Magma herauf[kommen], das sich lange Jahre in einem dunklen, nie ausgeloteten Grund angesammelt hat.«

# Die Löcher im Netz

*D'Annunzio, der Duce und Rauch über San Sabba*

> *Aber nach der Risiera ist es anders. Das Leben ist zerfetzt, zerlumpt. Vor allem aber befreit von der Erinnerung an die Risse, seine Leerstellen. Das Netz hat keine Maschen mehr, die Lücken sind geflickt worden, die Löcher verschwunden.*
>
> Claudio Magris, Verfahren eingestellt

Gabriele D'Annunzio sorgt für Unmut. Ja mehr noch: für einen politischen Eklat. Und das mehr als achtzig Jahre nach seinem Tod. Italiens Nachbarstaat Kroatien, mit dem man in bestem Einvernehmen steht, zeigt sich empört. Ausgerechnet am 11. September 2019 soll in Triest ein Denkmal für den Dichter eingeweiht werden. An jenem Tag also, da sich ein höchst fragwürdiges Ereignis zum hundertsten Mal jährt: Am 11. September 1919 marschierte Commandante D'Annunzio mit einer Truppe von Legionären und Glücksrittern in Fiume ein, dem heutigen Rijeka. Wider völkerrechtliche Vorgaben annektierte er die Stadt für seine Heimat und installierte dort eine Form von präfaschistischem Freistaat. »Die Freundschaft zwischen Italien und Kroatien basiert heute auf Werten, die in totalem Widerspruch zu den Aktionen der Person stehen, der die Statue gewidmet ist«, schreibt

Staatspräsidentin Kolinda Grabar-Kitarović in ihrer Protestnote nach Rom und bedauert die Störung des guten Verhältnisses.

Und auch in Triest haben viele ihre Zweifel an der Sinnhaftigkeit des Monuments. Bereits im Vorfeld der Enthüllung gab es Widerstand gegen eine derartig verklärte Heldenverehrung. Mit Unterschriftenlisten versuchte man den Mitte-rechts-Bürgermeister Roberto Dipiazza zu zwingen, den Auftrag an den lombardischen Bildhauer Alessandro Verdi zurückzuziehen. Doch Dipiazza blieb hart, unterstützt von Matteo Salvini und der Lega Nord, wie man munkelt. Überall in Italien, so verteidigte sich das Stadtoberhaupt, gebe es Standbilder für den Dichter. Und überhaupt: Er müsse niemanden um Erlaubnis fragen.

Verdi werkt weiter an seiner *statua della discordia*, der Statue der Zwietracht, wie die Triestiner lästern. Schon vor der Enthüllung bekommt sie ihr Fett ab. Wirkliche Entrüstung aber brandet auf, als sich bei der Einweihung der Bronze Männer in Schwarzhemden mit dem Aufdruck »Fiume oder der Tod« unter die Zuschauer mischen. Ein Affront, auf den man auch international mit negativen Schlagzeilen reagiert. Er wird zur Aufforderung, sich einmal mehr der Erinnerung an eine Zeit zu stellen, die in Triest lange Schatten wirft.

Ein roter Fiat 501, eineinhalb Liter Hubraum, dreiundzwanzig PS. Das richtige Gefährt, um einen Feldzug zu starten. Meint zumindest jener kleine, kahlköpfige Mann, der am Steuer sitzt und stolz durch Triest rollt. Während des Ersten Weltkriegs ist er über die Stadt geflogen und hat ein Manifest abgeworfen, in dem er die Bevölkerung darauf einschwor, auszuharren und auf die Befreiung durch die Italiener zu warten. Für seine Verdienste ist er – kein Schriftsteller »der alten Garde, in Pantoffeln und mit Schlafmütze«, wie er sich selbst definiert – im April 1919 auf dem Vorplatz der Kathedrale San Giusto mit der begehrten Medaglia d'oro geehrt worden. Nun bricht er zu frischen Heldentaten auf, wie er glaubt. Gerade erst hat er einen Brief an seinen »lieben Kameraden Benito Mussolini« abgeschickt: »Die Würfel sind gefallen. Ich reise jetzt ab. Morgen Früh werde ich Fiume mit Waffengewalt einnehmen. Der Gott Italiens möge uns beistehen.«

In Triest beginnt eine reichlich bizarre Episode in der Geschichte Istriens. Gabriele D'Annunzio, Dichter, Dandy und leidenschaftlicher Nationalist, Militarist und Flieger, widersetzt sich den Pariser Beschlüssen. Fiume, einstmals multikultureller Außenposten der Habsburger, solle eine neutrale Stadt unter Aufsicht des Völkerbunds werden, heißt es darin. Was D'Annunzio und seine Mitstreiter, eine Horde von Freischärlern und Weltverbesserern, erzürnt und aufhetzt. In einem Konvoi von sechsundzwanzig Wagen, darunter etliche gestohlene Heeresfahrzeuge, kurvt man von Triest bis an die Kvarner Bucht, wo eine jubelnde Menge den selbst ernannten Machthaber empfängt. »Italiener von Fiume. Hier bin ich«, so begrüßt D'Annunzio sein Volk. »Ich, der in allen Waffengattungen gekämpft hat, ich, der verwundet und verstümmelt wurde, ich reagiere auf die Sorge meines Landes, indem ich verkünde, dass Fiume heute auf ewig zur Mutter Italien zurückgekehrt ist.«

In den nun folgenden Wochen befestigt D'Annunzio seine Herrschaft, die seinen ästhetischen Ansprüchen gehorcht. Kriege sind Kunst, so sein Credo, eine Kette von Erregungen, die dem Leben Sinn und Lust bescheren. Fiume wird zu seiner *città di vita:* »die einzige glühende Stadt, die einzige Stadt der Seele, ganz Atem und Feuer, ganz Schmerz und Raserei, ganz Reinigung und Aufzehrung«.

Die »Carta del Carnaro«, eine Art Verfassung, enthält durchaus fortschrittliche Ideen: Sie deklariert die Freiheit der Presse, die Gleichstellung von Mann und Frau und einen Mindestlohn für alle Arbeiter. Doch zugleich wird ein Führerkult gepflegt, der vieles von dem antizipiert, was Mussolini drei Jahre später mit dem Marsch auf Rom zu seiner Form des Regierens erheben wird: die peitschenden Ansprachen, die zum Gruß gereckte Hand, die Fackelmärsche der Uniformierten, die emphatische Mobilisierung der Massen als Instrument der Politik.

Sechzehn Monate dauert D'Annunzios Regentschaft, eine Ära der Säuberungen, Enteignungen, Plünderungen und des Hungers, aber auch der Orgien: ein Tanz auf dem Vulkan. Als sich Italien mit dem Königreich der Serben, Kroaten und Slowenen einigt, Fiume als »unabhängigen Freistaat« anzuerkennen, ignoriert D'Annunzio die Abmachung. Bis zu Weihnachten 1920 das Schlachtschiff »Andrea Doria« ausgeschickt wird, um den exzentrischen, größenwahnsinnigen Dichter und seine Anhänger zu vertreiben.

Das Triest jener Tage, da D'Annunzios Abenteuer Ausgang und Ende nimmt, ist zerrissen: Der Zusammenbruch des Habsburgerreichs hat das einstige Selbstbewusstsein zerschlagen. Die meisten ehemaligen k. u. k. Beamten samt Familien ziehen ab, die frei gewordenen Arbeitsplätze und Wohnungen werden von Italienern besetzt. Der Staat hat wenig Erfahrung mit ethnischen Minderheiten, die Führungsschicht ist auf den Nationalismus eingespielt und schmettert deren Forderungen nach sprachlicher oder kultureller Autonomie ab. Worauf sich die in Triest lebenden Slowenen und Kroaten radikalisieren. Gewalttaten auf beiden Seiten verunsichern die Bevölkerung. Im Hotel Balkan, dem slowenischen Kultur- und Künstlerhaus, wird im Juli 1920 von nationalistischen Sturmtruppen Feuer gelegt: ein Terrorakt mit hohem Symbolwert.

Der Faschismus wird zum Fluchtpunkt, der Zulauf zur Partei so heftig wie nirgendwo sonst im Land. Triest, ohnehin gelähmt vom Gefühl, politisch und ökonomisch bedeutungslos an der östlichsten Grenze Italiens dahinzudämmern, feiert die Vaterlandsliebe. Entsprechend optimistisch wirft man sich in die Arme des Duce und dessen

Versprechungen für eine siegreiche *italianità*. Am 18. September 1938 verkündet Mussolini auf der Piazza dell'Unità die Rassengesetze: ausgerechnet in jener Stadt, wo sich die jüdische Gemeinde seit Langem frei entwickeln konnte. Nun aber brechen düstere Zeiten an.

Als die Deutschen im Herbst 1943 Triest okkupieren und die Gegend zur »Operationszone Adriatisches Küstenland« erklären, präsentieren sie sich als Nachfolger des österreichischen Kaiserreichs und versprechen, an die wirtschaftlich goldene Epoche des 19. Jahrhunderts anzuknüpfen. Auf diese Weise finden sie Anhänger und Kollaborateure. Statthalter wird der Kärntner Gauleiter Friedrich Rainer, oberster SS- und Polizeiführer Odilo Globocnik, ein treuer Diener Heinrich Himmlers. Seine Razzien in der jüdischen Bevölkerungen von Lublin galten als so erfolgreich, dass man ihm 1942 die Leitung der »Aktion Reinhardt« übertrug, die systematische Vernichtung aller Juden, Roma, Homosexuellen und politisch Andersdenkenden.

Als man Odilo Globocnik im September 1943 an die Adria beruft, führt er in seiner Geburtsstadt Triest weiter, was er in den Konzentrationslagern von Treblinka, Bełżec und Sobibór gelernt hat. Auf der Suche nach passenden Räumlichkeiten trifft er auf die Risiera di San Sabba. Die Pilatura del Riso del Litorale hatte das Areal 1898 erworben und eine Reihe von Gebäuden hochgezogen, um Reis zu schälen und verarbeiten. Als das Werk schloss, wurden hier Soldaten einquartiert.

Lage und Infrastruktur des Areals scheinen ideal für Globocniks Vorhaben. Er funktioniert die Risiera zum Polizeihaftlager um, bewacht und unterhalten von Schergen der SS und deren ukrainischen Helfern: das einzige Vernichtungslager auf italienischem Boden. Fortan fungiert die Fabrik als Gefängnis für slowenische oder kroatische Partisanen, Antifaschisten und Widerstandskämpfer. Ein Teil von ihnen wird gleich vor Ort getötet, ohne Prozess und Schuldspruch, meist nachts, während die Hunde laut bellen und Musik aus den Lautsprechern dröhnt, um die Tötungen zu vertuschen. Den Ofen der früheren Reismühle hat man zum Krematorium umgerüstet, die Asche der Leichen landet im Meer.

In den Werkshallen sind behelfsmäßige Unterkünfte für jene Juden eingerichtet, die man bei Razzien aufgegriffen hat. Seit den zwanziger Jahren sind etwa hundertfünfzigtausend Menschen aus Osteuropa geflüchtet und von Triest aus nach Palästina emigriert, der Hafen gilt seither als »Porta di Sion«, die Pforte Zions. Jene Mitglieder der jüdischen Gemeinde, die sich nicht von ihrer Heimat trennen konnten, werden nun in San Sabba kaserniert. Von dort aus transportiert man sie in die Vernichtungslager nach Deutschland und Polen. So sie nicht vorher in den Tod geschickt werden. »Gino Parin/ Maler/ Schrieb er sich«, heißt es in einem Gedicht von Carolus L. Cergoly. »Aber in der Synagoge/ In den Büchern/ Nannte er sich Pollak // Eines Abends festgenommen/ Zur Überprüfung/ In die Reisfabrik verbracht/ Keiner hat ihn mehr gesehn/ Im Caffè del Ponterosso// Gestern spie der Kamin/ Rauch in allen Farben/ Auf verschlossene Fenster/Verzweifelte Fenster// Des Viertels/ San Sabba.«

Zwischen vier- und fünftausend Menschen wurden in San Sabba ermordet, etwa fünfundzwanzigtausend deportiert. Wirklich genaue Zahlen sind nicht mehr zu eruieren. Die Nazis suchten Spuren zu verwischen, als sie das Lager kurz vor dem Zusammenbruch des Dritten Reiches auflösten und abzogen. 1975 begannen in Triest die Prozesse gegen Dietrich Allers, Befehlshaber der Judendeportation und Partisanenbekämpfung, und Josef Oberhauser, den Kommandanten des KZ, der zu jenem Zeitpunkt in München lebte. Allers starb während der Gerichtsverhandlungen, Oberhauser wurde zu lebenslanger Haft verurteilt. Die Strafe trat er nie an, weil die italienische Justiz auf das aussichtslose Auslieferungsverfahren verzichtete. Die Verhandlung war dennoch ein wichtiger Schritt, öffentlich zu machen, was mit jahrzehntelangem Schweigen belegt gewesen war, ein unermesslicher Akt des Verdrängens, was Claudio Magris in seinem grandiosen Roman »Verfahren eingestellt« schildert.

Nach Ende des Zweiten Weltkriegs hatte man in San Sabba Flüchtlinge aus den Gebieten hinter dem Eisernen Vorhang untergebracht, die in Triest auf ihre Ausreise nach Amerika warteten, ehe man 1965 entschied, ein Museum zu begründen. Architekt Romano Boico hat das Gelände zum nationalen

Gedenkort umgestaltet. Er wolle die halb zerstörte Risiera, wie sie die Nazis auf ihrer Flucht zurückgelassen hatten, so bewahren, wie er sie vorgefunden habe, so sein Vorhaben, mit all den Leerstellen, die Geschichte evoziert. Vieles spricht für sich selbst. Ein beklemmend enger Gang führt ins Innere der Fabrikanlage. Die Kerker für die Häftlinge, mit den auf engstem Raum zusammengepferchten Pritschen. Die Todeszelle. Die einstige Küche, die heute ein Museum beherbergt, darüber die Schlaf- und Wohnräume der SS. Im Hof eine Kunstinstallation: Ein in den Boden versenkter, mit Stahlplatten gekennzeichneter Parcours markiert den Weg in den Tod.

In jener Ecke, wo das Krematorium gestanden ist, reckt sich eine dunkle Skulptur gen Himmel: die Andeutung von Rauch. Ein behutsamer Ansatz, Unsagbares zu vermitteln, ohne plakativ zu werden. Eine Ästhetik der äußersten Kargheit und darin ein Zeichen des Widerstands gegen die lauten Inszenierungen der Faschisten – und gegen die Visionen eines Gabriele D'Annunzio.

Nach dem Scheitern seines großspurigen Experiments in Fiume kehrte dieser auch Triest den Rücken und setzte sich im Februar 1921 nach Gardone am Lago di Garda ab. Von dort aus beobachtete er den Aufstieg des Duce, der ihn am Gardasee viermal besuchte. Ein reger Briefwechsel verband Rom mit Gardone. D'Annunzio, der sich anfangs als Gegenspieler Mussolinis inszeniert und politische Ambitionen gehegt hatte, lief auf dessen Seite über.

Er ließ sich zum Principe di Montenevoso adeln und den aufwendigen Lebensstil und die Publikation seines Werkes finanzieren. Sein monströses Anwesen, das Vittoriale degli Italiani, vermachte er nach seinem Tod am 1. März 1938 dem italienischen Volk. Zum Dank und für seine Verdienste wurde er mit Denkmälern geehrt. Straßen in den großen Städten tragen seinen Namen, in Triest ist es ein repräsentativer Boulevard. Seine Rolle als Wegbereiter des Faschismus blieb kaum hinterfragt.

Etliche historisch-kritische Studien später sitzt Gabriele D'Annunzio jetzt auf der Piazza della Borsa, direkt vor dem neoklassizistischen Tempel, mit dem sich die Triester Unternehmer zu Beginn des 19. Jahrhunderts feierten. Der Sarg, wie die Triestiner das Gebäude verspotteten, hier mochte niemand begraben sein. Die Statue verschwindet im Schatten der Mauern: eine schmächtige, elegant gekleidete Figur bei der Lektüre, gestützt auf einen Stoß von Büchern. Im Arm ein Bündel mit Lorbeer, ursprünglich leuchtend grün. Es verdorrt von Tag zu Tag mehr. So wie die schimmernde Bronze langsam ihr Strahlen verliert. Und damit auch die fatalen Heldengeschichten des Gabriele D'Annunzio an Glanz einbüßen. Auf dass das Wissen um die Wirklichkeit zu seinem Recht komme.

# Die Therapie heißt Freiheit

*Nieder mit den Mauern: Die offene Psychiatrie*

Marco Cavallo will raus. Zwei Monate lang hat er in einem zur Werkstatt umfunktionierten Pavillon gelebt, nun zieht es ihn hinaus in die Welt. Doch ganz so einfach scheint es nicht zu gehen: Marco Cavallo hält sich an keine Norm. Er ist groß, riesengroß, drei Meter hoch und gut sechs Meter lang. Für ein Pferd wie ihn sind Häuser nicht gemacht. Was also tun? Die Türstöcke herausreißen, wird kurzerhand beschlossen. Marco muss endlich ins Freie entlassen werden.

Am 25. Februar 1973 setzt sich in Pavillon P von San Giovanni, dem Psychiatrischen Krankenhaus von Triest, ein seltsamer Zug in Bewegung: Ein blaues Pferd aus Pappmaché wird durchs Anstaltsgelände zum Tor der Klinik geschoben. Dort versammeln sich Patienten, Ärzte, Schwestern und Sympathisanten, um Marco Cavallo quer durch die Stadt nach San Vito zu bringen. Eine lärmende Karawane, begleitet von Trommeln, Gesängen und Transparenten: »La libertà è terapeutica«. Freiheit ist die Therapie. Vor der Kathedrale kommt der Zug zum Stoppen. Hier findet ein Volksfest statt, mit Musik und Tanz, mit Sketches und flammenden Reden. Danach zieht man weiter, um in einer Turnhalle zu feiern. An jenem Sonntag im Februar 1973 manifestiert sich auf vitale Weise, dass sich neue Wege auftun: Ein blaues Pferd wird zum Symbol für die Autonomie der Psychiatrie. »Viva Marco Cavallo.«

Seit den frühen siebziger Jahren des vergangenen Jahrhunderts gelten der Arzt Franco Basaglia als Lichtgestalt und Triest als Vorreiter einer beispielgebenden Reform. Sie erfasste von hier aus ganz Italien und griff auf viele Länder Europas und Amerikas über. Basaglia ist es zu verdanken, dass sich geschlossene Anstalten von Orten der Abschiebung in Laboratorien einer humaneren Gesellschaft verwandelten.

Die Klinik von San Giovanni stammt ursprünglich aus jenen Tagen, da die Psychiatrie eine erste zaghafte Reform durchlief. Die riesigen Schlafsäle, in denen man Patienten bisher zusammengepfercht und gewaltsam unter Kontrolle gehalten hatte, sollten kleineren Häusern weichen: eine Stadt in der Stadt, so der Auftrag an den Architekten Ludovico Braidotti. Er orientierte sich an Otto Wagner und dessen Entwürfen für die Psychiatrische Anstalt Steinhof in Wien. Also wurden eine Reihe von Pavillons gebaut, eine Kapelle und ein Theatersaal, eine Wäscherei und eine Gärtnerei, untergebracht auf einem Areal von dreiundzwanzig Hektar.

San Giovanni wird 1908 eröffnet – zu einem Zeitpunkt, da Triest gerade Sigmund Freud entdeckt. Mit seinem Schüler Edoardo Weiss, der hier 1918 zu praktizieren beginnt, erfährt die Psychoanalyse eine besondere Blüte. Sie weckt, wie Claudio

Magris befindet, »ein fast schon fieberhaftes kulturelles Interesse und führt zu einem neurotischen, endogam undurchdringlichen Kreislauf zwischen Patienten, Freunden und deren Therapeuten, die untereinander ihre Rollen tauschen und Therapie, Freundschaft und gesellschaftlichen Verkehr miteinander verwechseln«. Wer auf sich hält und es sich leisten kann, ist in Analyse. »Traumdeutung« und »Totem und Tabu« überrollen die Stadt, die ohnehin mit ihrer brüchigen Identität hadert.

Sigmund Freud, Edoardo Weiss, Franco Basaglia: Klemmen die Türen zum weiten Land der Seele in Triest weniger als anderswo? Basaglia, 1924 in Venedig geboren, hat in Padua studiert, geforscht und gelehrt, ehe es ihn 1961 in die Praxis zieht: Er will endlich ausprobieren, was er theoretisch erarbeitet hat. Die Klinik von Gorizia, fünfzig Kilometer nördlich von Triest, scheint ihm dafür der richtige Ort. Die Zustände im Spital erschüttern ihn. Ein Kerker, in dem die Patienten stumm vor sich hin vegetieren, in Zwangsjacken eingeschnürt und medikamentös sediert. Unruhige werden über Wochen und Monate in Käfigen arretiert. Elektroschocks dienen der Bestrafung unangepasster Kranker.

Basaglias Befund ist klar und scharf. Die Psychiatrie, so erklärt er, habe sich von der Justiz instrumentalisieren lassen und füge sich deren Direktiven. Beide sind dafür verantwortlich, dass all jene Menschen, die nicht dem System entsprechen, kriminalisiert und weggesperrt werden. Medizinische

Untersuchungen entpuppten sich als Mittel der Repression, Diagnosen als Urteile, häufig lebenslänglich: Die Patienten würden in Unmündigkeit und Ohnmacht geschickt und damit in ein Gefängnis. Leere Körper, die sich manisch aufzubäumen suchen und zusammenbrechen.

Ein System, das Basaglia kraftvoll zu boykottieren beginnt. Gemeinsam mit einer Gruppe junger Ärzte, Psychologen und Soziologen entwirft er Behandlungsmodelle, um Hierarchien aufzubrechen und den Kranken zu Selbstbestimmung zu verhelfen. Die Ursachen psychischer Leiden seien nicht allein im Physiologischen zu suchen, sondern im Umfeld der Patienten und in der Gesellschaft, so Basaglias Überzeugung. Der Arzt, Anwalt und Kontrollorgan des Staates, müsse fortan den Patienten und dessen Willen vertreten. Nur so könne man dessen Lethargie aufbrechen und ihm Perspektiven zuspielen. »Für die Rehabilitation des in unseren Anstalten dahinvegetierenden institutionalisierten Kranken ist es vor allem nötig, dass wir uns bemühen – bevor wir einen neuen, freundlichen und menschenwürdigen Rahmen für ihn schaffen, den er gewiss auch braucht –, in ihm ein Gefühl der Auflehnung gegen die Macht zu wecken, die ihn bis dahin determiniert hat. Sobald in ihm eine derartige Emotion erwacht, wird die Leere, in der er jahrelang gelebt hat, sich wieder mit persönlichen Kräften der Reaktion und des Konflikts und mit einer Aggressivität füllen, über die allein seine Rehabilitation realisierbar wird.«

Als Franco Basaglia im August 1971 nach Triest übersiedelt und die Leitung von San Giovanni übernimmt, sind dort über tausend Menschen untergebracht. Die meisten sind via Zwangseinweisung interniert worden. Basaglia reagiert umgehend: Er schafft Schocktherapien ab, schränkt die medikamentöse Ruhigstellung ein oder hebt sie ganz auf. Gleichzeitig ermuntert er die Kranken, ihre Zimmer zu verlassen und sich frühere Lebensräume zurückzuerobern.

Regelmäßige Stationsversammlungen, an denen auch die Patienten teilnehmen, lassen andere Formen der Kommunikation entstehen. Eigeninitiative wird gefördert, der Arzt als alleinige Autorität infrage gestellt. Auf diese Weise transformieren sich die einstigen Machtverhältnisse. Schon 1973 beginnen sich die Kranken zu organisieren und für ihre eigene Stimme zu kämpfen. Eine Demokratisierung der Psychiatrie setzt ein. Kooperativen entstehen, mit regulären Werkverträgen und einer gerechten Entlohnung. Ihnen folgen betreute Wohngemeinschaften, einige in den Pavillons der weitläufigen Anlage, die meisten in anderen Stadtvierteln. Parallel dazu lädt man die Bevölkerung ein, San Giovanni zu erkunden, bei Konzerten, Lesungen oder Theaterabenden. Die Grenze zwischen Stadt und Psychiatrie wird durchlässig. Die Akzeptanz jener, die gesellschaftliche Normen sprengen, steigt.

Im Jänner 1973 zieht eine Gruppe von Künstlern nach San Giovanni, um zwei Monate lang mit ihnen zu arbeiten. Ein Atelier, offen für jede Form kreativen Ausdrucks, könnte die Patienten aus der Apathie reißen, so die Überlegung. Doch wie schafft man es, möglichst viele von ihnen anzusprechen und zum Mitmachen zu motivieren? Vielleicht mithilfe einer Identifikationsfigur, so einer der Vorschläge. Die Wahl fällt auf Marco Cavallo, einen alten Gaul. Ihn hatte man vor jenen Karren gespannt, auf dem die Wäsche durch das Anstaltsgelände transportiert wurde. Als er geschlachtet werden sollte, hatte sich ganz San Giovanni dagegen aufgelehnt und sein Gnadenbrot erwirkt. Und wenn man nun Marco Cavallo als Figur aus Pappmaché nachbilden würde, als Zeichen des Widerstands? Alle sind einverstanden.

Mit Marco Cavallo wachsen Mut und das Wissen, an einem Strang zu ziehen. Durch Wandzeitung und Flugblätter über das Fortschreiten der Arbeit informiert, finden sich immer mehr Patienten in Pavillon P ein, wo eine Werkstatt eingerichtet ist. Sie wird zum kreativen Labor. Hier wird gesungen, gedichtet und diskutiert. Leidenschaften und Sehnsüchte artikulieren sich in Spiel und Tanz. Wirklichkeit und Fiktion durchdringen einander und eröffnen neue Erfahrungen. Die einstige Passivität vieler Kranker bricht langsam auf, Freundschaften entstehen, die Gespräche nehmen zu. Gleichzeitig verschaffen sich Aggressionen Raum. Zeichnungen werden zerstört, Fotos gestohlen. Doch es gelingt, Unruhe und Feindseligkeit aufzulösen und sie im Miteinander zu überwinden.

Marco Cavallo wächst, sein Leib aus grauem Pappmaché ist riesig. Womit man ihn füllen solle, fragen sich Künstler und Patienten, und entwickeln eine Idee. Jeder der Beteiligten versenkt einen kleinen Brief mit seinen Wünschen in Marcos Bauch: Reh mit Polenta, Hasensalami, ein Lied, ein Fahrrad, ein Komet. In Marcos Wanst findet vieles Platz.

Zuletzt gilt es zu überlegen, in welcher Farbe man Marco streichen würde. Blau – wie das unendlich weite Meer vor der Küste Triests, wie das legendäre Pferd des Franz Marc? So soll es sein. Nun ist Marco bereit für seine Reise in die Welt. Auf sechshundert handbemalten Plakaten wird die Stadt auf den Zug der *matti,* wie man die Geisteskranken nennt, vorbereitet. Am 25. Februar 1973 stehen alle bereit. Patienten, Ärzte und Künstler geben sich kämpferisch: Sollen sie doch alle herschauen und uns begaffen, uns, das Lumpenpack aus San Giovanni. Aufbruchsstimmung macht sich breit. »Der Umzug der Verrückten, der armen Teufel, bewegte sich durch die Stadt«, wie sich einer der Psychiater erinnert. »Er bewegte sich durch die Stadt, wurde stärker, suchte seine eigene Geschichte, seine eigene Identität, seine eigene Wurzel, die negiert ist, die nicht ist und nicht sein darf.«

An jenem Sonntag im Februar scheint plötzlich vieles möglich. Am Abend, als das Fest zu Ende geht, sind alle euphorisch. Dieser Tag macht Mut. Zeitungen, Radio und Fernsehen berichten von der Aktion, das gesamte Kunstprojekt wird von Giuliano Scabia in einem Buch dokumentiert.

»Das große Theater des Marco Cavallo«, so der Titel, »Phantasiearbeit in der Psychiatrischen Klinik Triest«. Die Künstler ziehen ab, doch Marco Cavallo bleibt in San Giovanni zurück. In seinem Bauch steckt die Hoffnung.

Franco Basaglia kann in jenen Tagen auf sein Team zählen. Er publiziert viel, häufig zusammen mit seiner Frau Franca Ongaro Basaglia. Der Austausch mit Freunden und Kollegen aus Frankreich, England oder den USA – darunter Michel Foucault, Ronald D. Laing und Erving Goffman – macht ihn international bekannt. Aus der ganzen Welt reisen Ärzte und Interessierte nach Triest, um Basaglias Ansatz vor Ort kennenzulernen. Bücher wie »Was ist Psychiatrie?« oder »Die negierte Institution oder Die Gemeinschaft der Ausgeschlossenen« werden zu Bibeln. Das Echo stärkt Basaglia den Rücken. Er erhält zusätzliche Unterstützung vom christdemokratischen Präsidenten der Provinzverwaltung, Michele Zanetti, der Basaglias Programm von politischer Seite mitträgt. Man arbeitet auf mehreren Ebenen: Einerseits gilt es, die Patienten von San Giovanni auf einen Alltag in Selbständigkeit vorzubereiten, andererseits kämpft man um die Zentren für mentale Gesundheit, wie sie heißen. Die ambulante Betreuung der Kranken außerhalb der Klinikmauern ist einer der Grundpfeiler, auf die Basaglia baut.

Und doch: Was sich im Rückblick als Erfolgsgeschichte liest, bedeutet in jenen Jahren eine Übung in Geduld, Durchhaltevermögen und Zuversicht.

Viele Triestiner sind überfordert. Sie wollen keine psychisch Kranken in der Nachbarwohnung, sie wollen keine Verrückten in den Straßen ihrer Stadt herumirren sehen. Wer weiß, was denen einfällt, wenn die alle frei- und losgelassen sind. Kann man sich in Triest überhaupt noch sicher fühlen? Kritiker kommen auch aus den eigenen Reihen. Es sei zu früh für hochfliegende Pläne wie die eines Franco Basaglia, viele der Ideen seien naiv und angesichts eines maroden Gesundheitssystems nicht finanzierbar. Ob man sich hier nicht versteige mit solch abgehobenen Vorhaben, das Ende der geschlossenen Anstalten zu verkünden?

Basaglia bleibt unbeirrbar und behält recht. Nach und nach werden Widerstände schwächer und man nimmt die Kranken wieder in die Gemeinschaft auf. Triest scheint stolz auf seine Fähigkeiten, einer politischen Utopie auf die Sprünge zu helfen. Im Jahr 1977, als Franco Basaglia die Schließung von San Giovanni in Aussicht stellt, zählt man dort nur noch hunderteinunddreißig stationäre Patienten, von denen einundachtzig aus eigenem Antrieb da sind, als Gäste. Es gibt auf ganz Triest verstreute Beratungsstellen und dazu psychosoziale Ambulatorien, die sich auf ein großes Spektrum therapeutischer Behandlungen stützen.

Am 13. Mai 1978 wird in Rom die Legge 180 gebilligt. Das Gesetz sieht die graduelle Auflösung der Psychiatrischen Anstalten vor und verhilft den Kranken zu ungeahnten Rechten. Genugtuung und Ansporn für Franco Basaglia: Er hat sich lange für diese Novelle starkgemacht. Zwei Jahre später stirbt er, unerwartet. Man hütet sein Erbe. Die Legge 180 wird in den folgenden Jahren kritisiert, angefeindet, sabotiert. Man schreit nach einer Reform der Reform. Doch die Gesellschaft ist stark genug, sich nicht mehr hinter die darin festgeschriebenen Leitlinien für die Psychiatrie zurückzubewegen. Das Gesetz Basaglia lehrt den aufrechten Gang.

San Giovanni ist immer noch von Mauern umschlossen, doch die Tore nach außen stehen offen. Das Ex-Opp, wie es die Triestiner liebevoll-salopp nennen, ist heute ein Park mit einem prächtigen Rosengarten. Die Pavillons der früheren Psychiatrischen Klinik haben neue Bewohner bekommen. Studenten sind eingezogen, dazu Kultur- und Bildungseinrichtungen. An den Wänden die Parolen von einst: »La libertà è terapeutica.« Oder auch: »La verità è revoluzionaria.«

Und Marco Cavallo, wo ist der geblieben? Lange Jahre sah man ihn auf der Veranda des Pavillons des Dipartimento di Salute Mentale stehen, ein überdimensionales blaues Fabelwesen. Es hatte im Getümmel seinen Kopf verloren. Inzwischen hat man Marco in Bronze verewigt. Auf dass er ewig weiterlebe, so wie das Gedankengut des Franco Basaglia, und mit ihm die Erinnerungen an die Öffnung der Psychiatrie, an den Auszug der Patienten, den Ruf der Freiheit.

*Wenn ein Löwe das Herz mir zerfleischt,*
*wenn eine Schlange mich beißt,*
*wenn ich suche nach dem Meer vor Shanghai oder vor Hongkong.*
*Oder wenn ich mich in dich verliebe:*
*Was unternimmst du?*

So die Frage in einer der Moritaten über das Leiden der Psychiatrie.

*Ich habe keine Waffe, um den Löwen zu töten,*
*und keinen Stock gegen die Schlange.*
*Nach Hongkong können wir nicht fliegen.*
*Wenn es überhaupt eine Antwort gibt, dann heißt sie: Keine Kontrolle.*

*Viva* Marco Cavallo.

# Man isst nicht auf leeren Magen

*Triest ist unersättlich und die Küche weltläufig-kühn*

> *Mai si mangia sul stomigo svodo!*
> *Man isst niemals auf leeren Magen!*
> TRIESTINISCHES SPRICHWORT

Ein Sonntag Ende November. Triest schläft heute länger. Ein rosa Schleier hängt über der Stadt. Die Sonne weiß noch nicht, ob sie durch die Wolken brechen mag. Die Wellen schlagen gegen die Mauern des Molo Audace, ein paar Hundebesitzer sind schon früh draußen. Doch die Straßen sind leer. Niemand hat es eilig, in den Tag zu kommen. Zu kalt für den Spaziergang nach Barcola, die Segelboote träumen dort vom nächsten Sommer. *Fine stagione.* Von ausgedehnteren Wanderungen im Hinterland raten die Wetterfrösche ab. Besser, man geht es gemütlich an.

Ein *caffè* in der Bar um die Ecke, die *Gazzetta dello Sport* mit den Fußballergebnissen aller Ligen und eine *brioche* oder ein *tramezzino*. Nur nicht gleich satt werden, besser man hält sich für Größeres bereit. Spätestens wenn um zwölf Uhr die Glocken der Kirchtürme läuten, ist es Zeit, Kind und Kegel ins Auto zu packen und San Giovanni anzusteuern. Hinaus aus den breiten Straßen mit den prächtigen Palais und hügelaufwärts Richtung Karst. Die Ränder der Stadt, niedrigere Häuser, in den Vorgärten ein paar letzte Krautköpfe, Zwiebeln und Bäume mit Kaki. Bis die Via Comici 2 auftaucht und damit die Antica Trattoria Suban. Der Garten ist verwaist, die Grillstation hat man in den Winterschlaf geschickt. Im Inneren des Hauses aber klappern Teller, Gläser und Besteck.

Das sonntägliche Treffen bei den Subans ist für viele Familien- und Freundesrunden ein Fixpunkt der Woche. Entsprechend ausgebucht ist das Lokal. Wer nicht reserviert hat, wird freundlich abgewiesen. Mario Suban empfängt Freunde und Bekannte mit Handschlag und einem Scherz, Tochter Giovanna bringt sie zum Tisch und versorgt sie mit den Speisekarten. Die Stammgäste wissen ohnehin, was das *menu* bereithält. Auch das ist eines der Erfolgsgeheimnisse des Restaurants: nur keine gewagten Experimente. Die *trattoria* ist ein Ruhepol in der schnell wechselnden Gastroszene und ein Ankerpunkt für jene, die suchen, was andernorts kaum mehr zu finden ist: die traditionelle Triestiner Küche, unverfälscht und beinahe so, wie sie immer war.

Der legendäre Lottogewinn. Die sechs Zahlen, die das Tor zu einem ganz neuen Leben aufstoßen. Giovanni Suban knackt den Jackpot der Wiener Lotterie. Ursprünglich Schneider am Hof von Erzherzog Maximilian von Österreich, sieht er sich fortan als Unternehmer. Er entscheidet sich, in San Giovanni ein Grundstück zu erwerben, mit Blick über die Stadt und aufs Meer. Der perfekte Ort für eine *trattoria,* wie er findet. Hier oben wird gehandelt, hier trifft man die Produzenten aus dem Karst, die ihre Ware anbieten: Fleisch und Geflügel, Schinken, Milchprodukte und Wein. Beste Qualität.

1865 eröffnet Giovanni seine Antica Trattoria Suban. Bald schon wird sie weithin gelobt für ihre Küche. Kinder und Kindeskinder übernehmen das Restaurant und bringen es durch zwei Weltkriege. Mario Suban, der Urenkel des Gründers, steht augenblicklich noch an der Spitze des Unternehmens, zusammen mit seiner Frau Claudia. Die beiden haben die Räumlichkeiten umgestaltet. Das ist Ewigkeiten her. Sie atmen den Charme der sechziger Jahre, die aus groben Steinen gemauerten Wände, viel dunkles Holz, behäbige Tische und Sessel, schmiedeeiserne Lampen und Lüster, eine alte Weinpresse, Trockenblumensträuße. Oder anders gesagt: ein Restaurant mit starkem Charakter.

Seit etlichen Jahren sind die Töchter der Subans in die Fußstapfen ihrer Eltern getreten. Giovanna hat das Service und die *pasticceria* übernommen, Federica ist Herrin über Küche und Weinkeller. Die Aufteilung der Rollen war nicht schwer. Sie sei zwischen den Herdplatten groß geworden, erzählt Federica Suban. Von klein auf steckte sie ihre Nase in die Töpfe, eine Schule des Riechens und Schmeckens. Sie erlernte die Tricks und Kniffe ihrer *nonna* und wuchs hinein in die Leidenschaft des Kochens. Um sich dann freizuschwimmen und ihre individuelle Linie zu kreieren: hochwertige, regionale Produkte, am liebsten aus der engsten Umgebung, dem Karst, verarbeitet in Gerichten, die in den überlieferten Rezepten wurzeln.

Doch gibt es sie überhaupt, die *cucina triestina?* Welche Frage! Federica und Giovanna Suban beharren darauf, auch wenn sie sich schwer auf einen einfachen Nenner bringen lässt: zu viele Köche, zu viele Suppen auf dem Herd und zu viele Einflüsse, die den Speisezettel geprägt haben. »Triest hat im Wesentlichen zwei kulinarische Traditionen«, meint Federica, etwas vereinfachend ausgedrückt. »Die Küche des Meeres und des Landes. Durch den Hafen und den Handel mit Asien und Amerika war es möglich, Gewürze und Kolonialwaren kennenzulernen, die teuer und rar waren und andernorts erst später gebräuchlich wurden.«

Eine kosmopolitische, weltoffene Küche. Das Mischmasch der Kulturen und Völker liegt auf dem Teller. Die Neuankömmlinge, die hier ihr Glück suchten, brachten die Leibgerichte aus ihrer Heimat mit. Sie trafen auf die Kost der Karstbauern: Kraut, Kartoffeln und Würste, ordentlich Schmalz, die *frittura* mit Kräutern von den sommerlichen Wiesen. Dicke Suppen mit Bohnen und Gemüse, um sich gegen die eisigen Herbststürme zu wappnen. Der Balkan hingegen grüßte mit Ćevapčići oder Lamm vom Holzkohlengrill, die Küstenregionen Dalmatiens mit Fischen und Meeresfrüchten, die mit Knoblauch in Olivenöl gebraten wurden.

Mit den Habsburgern ziehen die Spezialitäten der k. u. k. Küche über die Alpen, das Gulasch, hier *golas* genannt, oder die Palatschinken, süß und herzhaft gefüllt, das Wiener Schnitzel und alle Teile vom Schwein, nose to tail sozusagen, von der Zunge bis zu den Füßen. Und überhaupt: Huhn, Lamm, Geflügel und Wild, Hauptsache Fleisch, gebraten, geschmort, gesotten, paniert und frittiert. Ein Paradies für Karnivoren und damit wohl eine der südlichsten Städte Europas, in denen sie auf ihre Kosten kommen.

Am schönsten zu probieren sind diese Herrlichkeiten in den Triestiner Buffets: einfache Lokale, ein paar Tische und Bänke nur und dazu die Vitrinen mit der Auswahl kalter und warmer Köstlichkeiten. *»Mai si mangia sul stomigo svodo!«*, wie ein Sprichwort weiß: Man isst niemals auf leeren Magen, man futtert sich durch den Tag. Für einen Happen zwischendurch ist immer Platz. Die Hafenarbeiter trudeln kurz nach dem Frühstück ein, auf eine Portion panierte Sardellen oder einen Klacks Liptauer mit Brot, angemacht nach den Rezepten aus der Slowakei. Es könnte auch eine Platte sein mit *salami, mortadella* oder *prosciutto* aus dem Karst, wie ihn die Damen zwischen ihren Shoppingtouren so lieben.

Gegen dreizehn Uhr schauen die Herrschaften aus den nahe gelegenen Büros vorbei und stehen vor prall gefüllten Töpfen und Reinen: Stelzen, Schweinebauch, Zunge oder gekochter Prager Schinken mit frisch geriebenem Kren. Gern geordert auch die *calamari in umido*, begleitet von gebratener *polenta*. Dazu eine Birra Dreher oder ein Glas Malvasier oder Refosco. Der Tag ist gerettet.

Bis in den Abend hinein haben die Buffets da Pepi, Marascutti 1914 oder Siora Rosa Hochbetrieb. Bessere Schnellimbisse mit Charme. Hier bleibt man nicht lange, weil schon die nächsten Hungrigen nachdrängen. Gemütliche, legere und gänzlich unangestrengte Institutionen der Gastlichkeit.

Und überhaupt: Die regionale Küche ist unprätentiös geblieben und gehorcht keinen strengen Regeln. Vieles vermischt sich. Die *sardoni barcolani* etwa, Sardinen von der Küste von Barcola, werden in der Art eines klassischen Wiener Schnitzels paniert und frittiert. Doraden oder andere Weißfische landen oft mit Steinpilzen aus den slowenischen Wäldern auf dem Teller. Oder die Zwetschkenknödel, ein Erbe aus den k. u. k. Kochbüchern: In Triest genießt man sie nicht nur als süßes Hauptgericht oder Dessert, sondern als Auftakt des Essens. Und überhaupt: die Süßspeisen, eine Welt für sich. Die Österreicher haben den Strudel mitgebracht, der ursprünglich aus der Türkei und vom Peloponnes nach Mitteleuropa importiert wurde. Am populärsten der *struccolo de pomi*, eine Art Apfelstrudel, oft mit Trockenfrüchten und Ingwer verfeinert. Die *fave* duften nach Orient, ein Mandelgebäck, mit Rosenöl aromatisiert. Der *presnitz* hingegen wanderte aus dem Karst in die Stadt: Blätterteig, gefüllt mit Nüssen und Mandeln, mit getrockneten Feigen, Marillen, Zwetschken, Rosinen und Pinienkernen, gewürzt mit Zucker, Zimt und Nelken. Der Geschmack von Weihnachten. Während die *crostoli*, das im

Fasching so begehrte Schmalzgebäck, aus Istrien und Venetien importiert wurden. Und der flaumige *Kugelhupf* natürlich aus Wien.

Die *pizza* ist erst nach der *grande guerra* nach Triest gelangt. In der Antica Trattoria Suban ist sie bis heute nicht angekommen, Federica zieht den offenen Grill dem Holzofen vor. Mario Suban bewegt sich von Tisch zu Tisch, ein eleganter Herr in seinen Achtzigern, die Seele des Hauses. Seine Kunden sind mit ihm alt geworden, die meisten Eltern, die nun mit ihren Kindern bei ihm einkehren, kennt er seit ihrer Geburt. Taufe, Firmung, Hochzeit, Beerdigung. »Wir sind Teil dieser Familien.« Signor Suban weiß um die großen und kleinen Sorgen und um kulinarische Präferenzen und Abneigungen sowieso. Die Kellner – selbstverständlich in schwarzer Hose und weißen Hemden – beraten kundig. Doch eigentlich warten alle auf Mario und Giovanna, die die Schätze von der Tageskarte feilbieten. Die Verhandlungen können dauern: Starten wir mit dünn aufgeschnittenem Hirschschinken mit Radicchio und frittierten Artischocken oder mit einem Käsestrudel, einer luftigen Masse aus Montasio und Kartoffeln, von knusprigem Teig umhüllt? Oder soll es gleich mit dem *primo* losgehen: eine altösterreichische Krensuppe, schön scharf, oder lieber *fusi*, eine *pasta* mit zartem Hühnerragout, die ursprünglich aus Istrien stammt? Kaum ein Tisch, an dem nicht zumindest eine Portion der wunderbar flaumigen, mit Ziegenkäse gefüllten Palatschinken geordert wird.

In Sachen *secondo* fällt die Entscheidung schneller. Kalbsstelze, die Spezialität des Hauses. Sie duftet köstlich, die Haut aber ist noch nicht so kross, wie sie sein müsste. »Eine gute halbe Stunde noch, und sie ist perfekt.« Bestens, fünf Portionen für Tisch sieben. Und dazu noch einmal Gulasch und einmal Krautrouladen mit Wurst. Wein? Der Keller ist gut bestückt mit feinsten Tropfen aus dem Friaul, mit Augenmerk auf heimische Reben wie Vitovska, Terrano oder Glera. Wer zuletzt noch Platz hat im Magen, nach dieser Folge in ordentlichen Portionen präsentierter Gerichte, greift zu Kartoffelknödelchen, die in einer Zucker-Zimt-Butter-Sauce schwimmen, oder zum berühmten Rigó Jancsi: ein aus der Gegend von Rijeka stammender Schokoladekuchen, benannt nach dem Geiger einer damals bekannten Musikgruppe. Kaffee, Grappa, Amaretto, eine Zigarette im Garten, *»il conto, per favore«*.

Am späten Nachmittag gönnen sich Küche und Service ein paar Momente der Ruhe. Bis die Vorbereitungen fürs Abendgeschäft starten. »Es ist anstrengend, so einen Betrieb zu führen. Die bürokratischen Arbeiten wachsen stetig – und auch die Ansprüche unserer Besucher«, so Mario Suban. »Bei uns sind sie keine Nummern. Ihnen Aufmerksamkeit zu schenken und die Erwartungen nicht zu enttäuschen, ist der wichtigste Teil unserer Philosophie. Man muss bei Tisch präsent sein und sich doch im Hintergrund halten, um die Gespräche nicht zu stören.« Stammkunden zu hätscheln und neue Gäste zu gewinnen, ist eine Kunst. Entsprechend gestaltet sich das *menu.* »Neuerungen sind wichtig«, so Federica. »Andere Gerichte müssen auf der Karte stehen: weil das eben immer so war. Und weil sich alle darauf freuen und gerade deswegen zu uns kommen. Natürlich bemühe ich mich, sie so zu variieren, dass sie bekömmlich und dem heutigen Geschmack angepasst sind.« Sie lacht. »Was oft heißt: weniger Fett. Die Quintessenz des Zusammenspiels der Aromen versuchen wir in die modernen Zeiten zu retten.« Eine kulinarische Gratwanderung.

Kinder liegen Federica besonders am Herzen, an sie sucht sie die Lust an der Vielfalt des Essens und die Freude am Gustieren weiterzugeben. »Ich verwöhne sie mit winzigen Kostproben aus der *cucina tipica casereccia,* wie sie die Kleinen von heute vorher noch nie probiert haben.« Unerwartete Überraschungen: Das ist ein Spaß und zugleich eine Form der Nachwuchspflege. »So sorge ich dafür, dass die tradierten Rezepte nicht in Vergessenheit geraten. Das sehe ich als meine Mission.«

Fast schon ein Glaubensbekenntnis, das Federica Suban da preisgibt. Sollen sie unten am Meer die leichte Fischküche servieren, mit den Salaten und dem zarten Gemüse. In der Trattoria bleibt man sich treu. Nur keine Scheu vor Kalorien. Sie sind es, die uns satt und glücklich machen. Wie die *jota,* ein typisches Armeleuteessen, ein Eintopf aus Sauerkraut, Bohnen und Kartoffeln, der mit Lorbeer gegart und gebratenem Speck abgerundet wird. Ein köstlicher dicker Brei, garniert mit frittierten Knoblauchstückchen. Soul Kitchen à la Trieste, der *piatto tipico per eccellenza*. Mit ihm ist Federica quer durch die Welt gereist, durch Europa, Asien Afrika und Amerika. »Als Botschafterin für unsere Küche.« Triest kann sich sehen lassen. Und der Blick in die Töpfe ist Teil des Sightseeings. Nicht nur der Gaumen wird jauchzen.

# Aus der Engel Ordnungen

*Rilke, Schloss Duino und die Eingebungen von oben*

Er sei's nicht gewesen, beteuert der Dichter. Mit Nachdruck, und immer wieder. Eine fremde Stimme habe ihm die ersten Zeilen seines »Herz-Werks« eingegeben. »Wer, wenn ich schrie, hörte mich denn aus der Engel Ordnungen?« Das müsse der Gott der Elegien gewesen sein, der da zu ihm gesprochen habe. Rainer Maria Rilke ist sich ganz sicher. Nur diesem seien die »Duineser Elegien« zu verdanken.

Wochen und Monate hat er nun schon als Gast der Familie von Thurn und Taxis auf Schloss Duino bei Triest verbracht, um sich zu erholen und zu frischer Schaffenskraft zu finden. Die Inspiration aber will sich nicht einstellen. Bis zu jenem legendären 21. Jänner 1912, da ihn der Unmut über die Beantwortung eines lästigen Geschäftsbriefs vom Schreibtisch und aus seinem Zimmer treibt. Die Sonne scheint auf das silbern glänzende Meer, Windböen jagen um die Mauern. Rilke steigt zu den Bastionen ab. Dort, etwa zweihundert Meter über den Fluten, so Rilke, habe sich im Brausen der Bora eine Stimme zu Wort gemeldet. Er habe diese Zeilen sofort in seinem Notizbuch festgehalten, um sie nicht zu verlieren. Wenig später weitere Verse. Und des Abends sei dann die erste Elegie vollendet gewesen. Eine Offenbarung. Ende Jänner und

Anfang Februar fallen ihm neue Strophen zu, die zweite Elegie, die Anfänge der dritten, der sechsten, der neunten und ein paar Bruchstücke, die er nicht zuzuordnen weiß. Und schließlich noch der Beginn der zehnten. Eines der bedeutendsten lyrischen Werke der Literaturgeschichte ist geboren, die »Duineser Elegien«, zur Welt gekommen in einem Schloss nahe Triest.

Ein besonderer Ort? Das allemal. Trotzig thront der Ansitz auf einer Klippe. Unten, an der Küste, schlagen die Wellen an den Fels, oben thront eine Burg und streckt ihre Mauern in den Himmel. Von hier aus findet der Blick seine Wege: Er zieht über den Golf von Panzano, verliert sich im Meer, ankert an der istrischen Küste und in der Bucht von Triest und klettert hinauf zu den Höhenzügen des Karsts.

Die Geschichte von Duino ist typisch fürs Friaul und seine zahlreichen adeligen Familien und die verschlungenen Linien der Erbfolge. Der heutige Turm, sagt man, stehe auf historisch bedeutsamem Boden, auf den Ruinen einer Befestigungsanlage aus der Epoche um etwa 180 vor Christus, da die Römer die in Oberitalien siedelnden Kelten zu vertreiben suchten.

Von einem Schloss Duino weiß man seit dem Mittelalter. Damals bewohnen die Herren von Tybein, ein wahrscheinlich karolingisches Adelsgeschlecht, ein Anwesen an der Küste. Doch Hugo IV. (1344–1391), zu Ansehen und Vermögen gekommen, erachtet sein altes Zuhause als zu eng und wenig repräsentativ. Und so lässt er auf dem gegenüberliegenden Felsvorsprung einen neuen Ansitz errichten. Der wird laufend ausgebaut, ehe er in der Renaissance seine heutige Form erhält. Nach dem Aussterben der Tybeins gelangt Duino über die Wallsees in die Hand der Habsburger, die es verschiedenen Burgherren überschreiben, ehe es im Besitz der Della Torre-Hofer-Valsassinas landet. Deren Herrschaftsbereich erstreckt sich über achtundvierzig Dörfer des Friaul und zwei Seehäfen, darunter Triest. Entsprechend prächtig gestaltet sich das Innere von Duino. Mitte des 19. Jahrhunderts sterben die Della Torre-Hofer-Valsassinas aus und müssen das Anwesen den Hohenlohe-Waldenburg-Schillingsfürsts überlassen.

Womit nun die Zeiten durchmessen und die Geburt der Tochter Marie anzuzeigen wäre. Sie heiratet einen entfernten Vetter, den Prinzen Alexander von Thurn und Taxis, dessen Ahnenlinie auf die italienischen Della Torres zurückgeht, und holt damit das Schloss in die Familie zurück. Schon ihre Mutter, Teresa Hohenlohe-Waldenburg-Schillingsfürst, hat sich gerne mit Künstlern umgeben, Franz Liszt hat eines ihrer Poeme vertont und Johann Strauß für sie musiziert. Ihre Tochter Marie von Thurn und Taxis pflegt ihre Freundschaften mit Schriftstellern wie Paul Valéry oder Mark Twain und bewegt sich selbstverständlich und leichtfüßig zwischen den Besitzungen in Duino, Venedig und im böhmischen Lautschin, um dort ihrer Leidenschaft, der Kunst, zu frönen.

»Marie von Thurn und Taxis«, so Rudolf Kassner, Philosoph und enger Freund Rilkes, »war zunächst einmal das, was man eben große Dame nennt, sie war es im eminenten Sinne, und es hat wohl auf alle Menschen, die ihr nahe kamen, als solches gewirkt.« In jenem Dezember 1909, da Marie von Thurn und Taxis und Rainer Maria Rilke einander in Paris beim Tee im Salon der Comtesse de Noailles kennenlernen, hat der Dichter gerade erst seine »Aufzeichnungen des Malte Laurids Brigge« beendet. Seit Veröffentlichung des »Stundenbuchs« gilt er als einer der bedeutendsten Lyriker seiner Tage. Die Türen zu Palais und Schlössern stehen ihm offen, er selbst sucht den Kontakt zum Adel und über ihn die Verbindung zur europäischen Geistes- und Kulturgeschichte. »Ich war angenehm überrascht, zugleich aber auch ein wenig enttäuscht«, schrieb Marie von Thurn und Taxis über diese erste Begegnung, »denn ich hatte ihn mir ganz anders vorgestellt – nicht diesen ganz jungen Menschen, der fast wie ein Kind aussah; er erschien mir im ersten Augenblick sehr hässlich, zugleich aber sehr sympathisch. Äußerst schüchtern, aber von ausgezeichneten Umgangsformen und einer seltenen Vornehmheit.«

Wenige Monate später, im April 1910, ist Rilke in Duino zu Gast. Kurz darauf ist man in Venedig, dann im Lautschin verabredet. »Mir schien«, so Marie von Thurn und Taxis weiter, »als hätten wir uns schon von jeher gekannt, nichts Fremdes stand zwischen uns.« Nach diesem innigen Besuch träumt sich Rilke nach Duino zurück, »fort, fort und in der Entrückung wohnen«. Im Oktober 1911 trifft er zum zweiten Mal dort ein. »Sollen Sie auch gleich wissen, wo ich bin«, berichtet er Hedwig Fischer, der Frau seines Verlegers, »bei meinen Freunden in diesem immens ans Meer hingetürmten Schloss, das wie ein Vorgebirg menschlichen Daseins mit manchen seiner Fenster (darunter mit einem meinigen) in den offensten Meerraum hinaussieht, unmittelbar ins All möchte man sagen und in seine generösen, über alles hinausgehenden Schauspiele, – während innere Fenster anderen Niveaus in still eingeschlossene uralte Burghöfe blicken, darin spätere Zeiten um alte Römermauern die Milderungen barocker Balustraden und mit sich selbst spielender Figuren gewunden haben. Dahinter aber, wenn man aus allen den sicheren Toren hinaustritt, hebt sich, nicht weniger unwegsam denn das Meer, der leere Karst [...].«

Dass schon Dante hier zu Gast war, ist ein Gedanke, der Rilke beflügelt. Duino wird zu einem verheißungsvollen Ort für einen Dichter, der sich kraftlos und in einer Schaffenskrise wähnt. Seine Erwartungen sind groß, allein die herbeigesehnte Inspiration stellt sich nicht ein. Marie von Thurn und Taxis versucht ihn zu beschäftigen. Die beiden lesen Dantes »Vita Nuova«, sie lässt ihn die Vitrinen der Salons ordnen und in die Familiengeschichte abtauchen. Man probiert es mit spiritistischen Sitzungen, mit vegetarischer Kost, mit Musik. Ohne Erfolg, über Wochen. Rilke verzweifelt. Er sei nahe daran, sich sogar einer Psychoanalyse zu unterziehen, schreibt er an Lou Andreas-Salomé, schrecke davor jedoch zurück, weil er das »Aufgeräumtwerden« scheue: »Etwas wie eine desinfizierte Seele kommt dabei heraus.« Mitte Jänner, endlich, die ersten Verse: das »Marienleben«, eine subtile Parodie auf die Figuren der christlichen Heilslehre.

Und dann, am 21. Jänner 1912, die Begegnung mit dem Gott der Elegien. Er schenkt ihm, so Rilke, die Eingebung für den poetischen Versuch, den Begriff des menschlichen Daseins über denkbare Grenzen hinaus auszudehnen, bis hin zu dessen Widerpart, dem Tod. Die Dichtung wird zur Möglichkeit des Widerstands, um das Vergangene zu bewahren und in eine geistige Existenzform zu verwandeln.

Rilkes »Duineser Elegien« zählen zu den verschlossensten und geheimnisvollsten Gedichtzyklen in seinem Œuvre: eigenwillig im Duktus, kühn in der Metaphorik, unzugänglich in den Bezügen und Symbolen. Sein Meisterwerk, wie Rilke selbst zu erkennen meint. Zunächst nur ein Fragment. Denn sosehr sie Rilke auch herbeisehnt: Die fremde Stimme schweigt, sie lehrt ihn Demut und Geduld. Im Mai 1912 reist Rilke aus Duino ab, um Mitte September nochmals für drei Wochen hier einzukehren. Sein nächster Besuch fällt in den Frühling 1914. Kurz darauf erwarten Marie und Alexander von Thurn und Taxis erlauchten Besuch: Der österreichische Thronfolger, Erzherzog Franz Ferdinand, und seine Gattin Sophie treffen mit ihrer Entourage in Duino ein, um dort zu dinieren und zu nächtigen. Am Tag darauf brechen sie nach Bosnien auf, um dem Abschluss eines Manövers des k.u.k. XV. und XVI. Korps beizuwohnen. Am 28. Juni fallen die beiden in Sarajewo einem Attentat zum Opfer, das in der Folge den Ersten Weltkrieg auslöst.

Duino gerät direkt in die Kampflinie. Wiewohl es Absichtserklärungen gegeben hat, das Schloss zu verschonen, wird es Anfang 1916 von den Italienern bombardiert. Marie von Thurn und Taxis muss von einem Triestiner Hotelzimmer aus mitansehen, wie das Gemäuer in sich zusammenstürzt. Allein das Stiegenhaus mit seiner Wendeltreppe, entstanden nach einem Plan Andrea Palladios, bleibt stehen. Ein Zeichen für die Familie. Sie beschließt, Duino nach alten Plänen wieder aufbauen zu lassen: Maries Sohn ist mit einer der Erbinnen der Johnnie-Walker-Dynastie verheiratet, von dort fließt Geld nach Italien.

Im Zweiten Weltkrieg hat Duino das Glück, nicht erneut zerstört zu werden. Ungebetene Gäste freilich kann man nicht ausladen: Zuerst quartieren sich Soldaten der deutschen Kriegsmarine hier ein, später Titos Partisanen und die Alliierten, die von hier aus die Zone A des Freistaats Triest observieren. In den siebziger und achtziger Jahren werden die finanziellen Ressourcen derer von Thurn und Taxis – oder Della Torre e Tasso, wie sie nun wieder heißen – eng. Die Erhaltung des Ansitzes verschlingt Unsummen. Als erster Schritt in Richtung Verkauf werden der Hausstand aufgelöst und das

Inventar versteigert. Doch die Veräußerung des leeren Anwesens erweist sich als diffizil, was den Besitzer auf eine Idee bringt: Er versucht, jene Stücke zurückzukaufen, die bereits verloren sind, um das Schloss fortan der Öffentlichkeit als Museum und Konferenzzentrum zugänglich zu machen.

In den gläsernen Vitrinen präsentieren sich heute Dokumente aus der Familiengeschichte: Briefe von Hofmannsthal, Mark Twain oder Gabriele D'Annunzio neben den Kinderzeichnungen des Principe Raymond Della Torre e Tasso und seltenen Briefmarken. Daneben die Bücher der Marie Bonaparte, der Großmutter des jetzigen Hausherrn und Freundin Sigmund Freuds, darunter »Topsy – Le ragioni di un amore«: eine Liebeserklärung an einen von Freuds Hunden. Adelsdekrete, Einladungen zu Soireen, die Programme der Speise- und Festfolgen von Kostümfesten und Banketten und ungezählte Stammbäume, die bis in alle bedeutenden Häuser Europas zu reichen scheinen, in die Wohnräume der Romanows, Bourbon-Parmas und Habsburgs, in die Boudoirs der griechischen, englischen und belgischen Royals.

Eine Familie stellt sich dar. Und mittendrin ihr wohl berühmtester Gast, Rainer Maria Rilke. Nach ihm hat man nicht nur den malerischen Klippenweg von Aurisina nach Duino benannt, auf ihn trifft man auch im Inneren des Schlosses. Bücher, Fotos und Briefe hinter Glas, der rote Salon, der des Poeten liebstes Zimmer gewesen sein soll. Hier steht auch jenes Pianoforte, auf dem dereinst Franz

Liszt musiziert hat. Und schließlich die Rilke-Terrasse, eine üppig begrünte Loggia mit spektakulärem Blick aufs Meer.

Nach Duino ist der Dichter nach 1914 zwar nie mehr zurückgekehrt, die Verbindung zu Marie von Thurn und Taxis aber besteht bis zu seinem Tod im Dezember 1926. Sie ist keine von Rilkes schöngeistigen Verehrerinnen, die sich im Licht seiner Kunst zu sonnen suchten. Im Gegenteil: Marie von Turn und Taxis sei eine bodenständige Frau gewesen, wird berichtet. Sie begleitet Rilke als mütterliche Vertraute. Und so gesteht er es ihr auch zu, sein mitunter abgehobenes Gedankengebäude auf den Boden zurückzuholen. Als er ihr im Juni 1921 verzweifelt gesteht, er habe sich jetzt entschieden, die zu seinem Leidwesen lückenhaft gebliebenen Elegien als Fragment zu veröffentlichen, bringt sie ihren Dottor Serafico, wie sie ihn nennt, händeringend davon ab. »Um Gottes willen, Serafico, tun Sie das ja nicht! Unter keiner Bedingung – die Elegien müssen vollendet werden – und sie werden es – ich schwöre es Ihnen – warten Sie nur, warten Sie … ich weiß, dass es kommen muss …« Und es kommt. Zwischen dem 7. und den 11. Februar 1922, über zehn Jahre nach seiner ersten Begegnung mit dem Duineser Elegiengott, hört er ihn wieder, nun im Château de Muzot im schweizerischen Wallis.

Am Abend des 11. Februar vermeldet Rilke seiner Freundin Marie von Thurn und Taxis die Beendigung seines »Herz-Werks« in einem euphorischen Brief. »Endlich, Fürstin, endlich, der gesegnete, *wie* gesegnete Tag, da ich Ihnen den Abschluss – so weit ich sehe – der *Elegien* anzeigen kann. *Zehn!* Von der letzten, großen: (zu dem, in Duino einst, begonnenen Anfang: ›*Dass ich dereinst, am Ausgang der grimmigen Einsicht,/ Jubel und Ruhm aufsinge zustimmenden Engeln …*‹), von dieser letzten, die ja auch, damals schon, gemeint war, die letzte zu sein, – von dieser – zittert mir noch die Hand! Eben, Samstag, den *elften*, um sechs Uhr abends, ist sie fertig! – Alles in ein paar Tagen, es war ein namenloser Sturm, ein Orkan im Geist (wie *Damals* auf *Duino*), alles, was Faser in mir ist und Geweb, hat gekracht, – an Essen war nie zu denken, Gott weiß, wer mich genährt hat. Aber nun *ist's*. Ist. Ist. Amen.« Dem Himmel sei Dank.

## Io + gatto

*Von Katzenfrauen, Pionierinnen und Freigeistern*

»Io + gatto«. Gelatin Silver Print, 29,5 x 23,5. »Ich + Katze«, so der Titel des 1932 entstandenen Bildes, ist eine Ikone der modernen Fotografie und eines der Meisterwerke von Wanda Wulz. Ihre eigenen Züge verschmelzen mit denen ihres Katers Pippo. Wodurch das Antlitz eines merkwürdigen Wesens entsteht: nicht Mensch und nicht Tier, eine Kreatur, wie sie durch Träume und die Gemälde eines Hieronymus Bosch geistern. Die Abzüge sind Teil von so hochgeschätzten Sammlungen wie der des Metropolitan Museums of Art in New York, werden regelmäßig in Ausstellungen gezeigt und erzielen bei Auktionen hohe Preise.

Doch wer kennt Wanda Wulz? Und wer weiß um ihre Herkunft aus Triest? Eine Serie von Fotos zeigt die Fotografin als junge Frau: im hellen Seidenkleid, das Haar streng nach hinten gebunden, eine lange Perlenkette mehrfach um den Hals geschlungen. Carlo Wulz, ihr Vater, hat die Porträts in seinem Studio aufgenommen. Wanda blickt abwartend in die Kamera, ihr Blick ist schwer zu ergründen. Wie alt mag sie da sein? Anfang zwanzig? Ahnt sie schon, dass sie ihr Leben im Arbeitsmantel in der Dunkelkammer verbringen wird? Ohne Ehemann und Kinder, dafür umso entschlossener, sich ihre innere und äußere Selbständigkeit zu bewahren und damit auch den Freiraum, ganz für ihren Traum zu leben: die Fotografie.

Wanda Wulz wird 1903 geboren, schon Vater Carlo und Großvater Giuseppe waren anerkannte Fotografen. Ihnen verdanken sich frühe Stadtansichten von Triest, vom Hafen und den Schiffen und aufwendig gestaltete Studioaufnahmen, bei denen Einzelpersonen und Gruppen inmitten kunstvoll aufgebauter Szenerien abgelichtet wurden. Besonders beim Vater, dessen Porträts und Aktaufnahmen für Aufsehen sorgten, gehen Wanda und ihre etwas jüngere Schwester Marion in die Schule. Als Carlo Wulz 1928 stirbt, übernehmen die beiden das Atelier im Palazzo Hirschl am Corso Italia, wo die Familie wohnt. Sie führen Traditionen weiter und verewigen Taufen, Trauungen, Jubiläen und andere Festivitäten.

Wanda wächst rasch über ihre Lehrmeister hinaus und entwickelt sich zu einer eigenständigen, unkonventionellen Persönlichkeit. Sie erlernt das Fliegen und tritt als One-Woman-Jazzband auf. Die Seidenkleider bleiben im Schrank, stattdessen trägt sie Overalls, Bühnenkostüme im Stil der Dadaisten und riesige Hüte. In ihrem Studio holt sie Musiker, Tänzerinnen und Schauspieler vor die Linse und setzt dabei auf Lichtakzente und subtile Verfremdungen. Ihre besondere Leidenschaft aber gehört ihren Versuchen im Labor, wo sie mit Effekten und Techniken experimentiert und ihre philosophisch originellen Ideen in Kunst überträgt. »Io + gatto«, eine der berühmtesten Überblendungen der Fotografie, wird zum Symbol für das Schwebende der Identitäten: ein fiebriges, flirrendes Traumbild und zugleich politisches Statement. Die Künstlerin, zu jenem Zeitpunkt im Bann der Surrealisten und zudem lose mit Marinetti und den Futuristen verbunden, eröffnet der damals noch jungen Frauenbewegung inspirierende Sichtweisen.

Wanda Wulz, Josef Ressel, Boris Pahor oder der Starec_tribe: Triest und der Karst sind ein harter Boden für alle, die sich nicht anpassen. Deren Blick und Anspruch radikaler sind, als es ihre Zeitgenossen wollen. Die ihre Ziele verfolgen, ohne sich beirren zu lassen. Und die damit Scheitern und Schiffbruch riskieren – und somit Türen in die Zukunft aufstoßen. Triestiner Vignetten, vier Porträts aus vier Zeiten.

Winter 1985. Frost, der verdammte Frost. Gerade erst hat Danilo Starec seine weitere Laufbahn riskiert. Der gelernte Schiffsmechaniker ist zu seinen Wurzeln zurückgekehrt und hat gemeinsam mit seiner Frau Nada im Val Rosandra etwas östlich von Triest dreiunddreißig Olivenbäume gepflanzt: so wie er es von Vater und Großvater gelernt hat. Und dann kommt die Eiseskälte und zerstört die Hälfte der Bäume. Das könnte der Ruin sein für das kühne Projekt, neuerlich mit der Produktion von Olivenöl zu beginnen, gegen die Prognosen des Marktes. Die qualitativ hochwertigsten Sorten, so das einhellige Diktum der Experten, stammen aus der Toskana und Sizilien. Punktum. Widerspruch sinnlos. Was da im östlichsten Zipfel des Friaul gedeiht, ist bestenfalls ein schwacher Abklatsch der Aromen aus südlicheren Gefilden. Auch wenn Danilo Starec dagegenhält, dass schon die Römer in Triest Olivenhaine angelegt haben.

Von Vorurteilen lässt man sich nicht entmutigen. Die Familie, der Starec_tribe, wie man sich nennt, rückt noch enger zusammen und krempelt die Ärmel hoch. Diesmal setzt man gleich neunhundert Bäume verschiedenster im Mittelmeerraum gebräuchlicher Sorten und übersteht sogar einen weiteren Winter mit zerstörerischen Tiefsttemperaturen. Danilo ist ein Tüftler, immer auf der Suche nach Innovationen. Er entwickelt Netze gegen den Frost, initiiert Kooperationen mit Universitäten und Hochschulen und wird schließlich zum offiziellen Geschmackstester in Sachen Öl erkoren. Fortan bewertet und probiert er die Produkte seiner Kollegen aus der Provinz Triest. 1991 bietet er die ersten Flaschen seines nativen Olivenöls zum Verkauf an. Der Erfolg bestätigt seinen Weg. In den nun folgenden Jahren werden Danilo und Nada Starec mit Prämierungen überhäuft. Plötzlich pilgern Gourmets ins Val Rosandra. Wanderer kennen das Tal ohnehin: einer der wenigen tieferen Einschnitte im Karst, mit pittoresken Felsabbrüchen, einem Wildbach und Wasserfällen und einer Flora und Fauna, die in einem Reservat geschützt wird.

In den sanften Ausläufern des Gebirges liegen die Olivenhaine der Familie Starec. In der Zwischenzeit haben die Söhne Paolo und Roberto, beide Architekten, den elterlichen Betrieb weitergeführt, gefolgt von Enkel Erik. Gemeinsam hat man das Logo gestaltet, eine neue Mühle entworfen und ein Labor eingerichtet. Alles sehr pur, funktional, zweckgerecht, eine reduzierte Ästhetik. Natürlich vertraut man ansonsten den Traditionen: Die Bäume werden klein gehalten, Chemie ist ebenso verpönt wie die Bewässerung in heißen Sommern. Entsprechend klein und hochbegehrt ist die Ausbeute.

Und auch ein weiterer Schritt ist gelungen, an den kaum jemand geglaubt hatte: Der Starec_tribe und die Landwirte aus der Ortschaft Bagnoli della Rosandra haben es geschafft, Brüssel das »DOP Tergeste« abzuringen. Was Kolleginnen und Kollegen bestärkt hat, sich ebenfalls an das Abenteuer Öl heranzuwagen. In der Provinz Triest existieren wieder mehr als hundertzwanzig Hektar Olivengärten, Tendenz steigend. Doch deswegen abzuheben und die Nase hoch zu tragen? Sicher nicht. Die Starecs sind bescheiden geblieben. Die Belica, die Cernica, die Drobnica oder die Buga, wie die lokalen Olivensorten heißen, bestimmen ihr Leben. Und mit ihnen Wind, Regen und Sonne. Dem Frost wird man weiterhin trotzen.

1. Juli 1829. Josef Ressel ist überglücklich. Endlich läuft die »Civetta« vom Stapel, eine Art Segeldampfer, gebaut mit einer sechs PS starken Maschine, die eine Schraube betreiben soll. Die Jungfernfahrt verläuft erfolgreich, wie es vorerst aussieht, das

Boot tuckert mit sechs Knoten durch den Golf von Triest. Bis es ins Schlingern gerät. Ein Rohr ist gebrochen, die Verbindung zwischen Dampfmaschine und dem Schraubenantrieb. Die »Civetta« bleibt im Wasser liegen und muss in den Hafen zurückgeschleppt werden. Experiment gescheitert. Und damit ein Traum zerplatzt.

Wer hoch fliegt, der fällt tief: Josef Ressel, der Erfinder der Schiffsschraube, war zeitlebens ein Verlierer, obwohl in ihm das Genie schlummerte. Der 1793 in Böhmen geborene, vielseitig interessierte Techniker hat neben Kameral- und Landwirtschaft und auch noch Chemie, Hydraulik und Zivilarchitektur studiert. Seine erste Stelle als Förster verschlägt ihn in die damalige Unterkrain, wo er mit der Aufforstung des Karsts beginnt. Von dort ist es nicht weit bis Triest. Die Stelle als Marine-Unterintendant, die ihm angeboten wird, klingt vielversprechend. Vor allem aber wittert Ressel seine Chance, eine jener Erfindungen, die er schon länger mit sich herumträgt, im offenen Meer zu erproben: die Schiffsschraube.

Triest aber macht es ihm nicht leicht. Seine Kollegen können mit einem wie ihm wenig anfangen. Ressel gilt als Störenfried, weil er laufend mit seinen Geistesblitzen antanzt und Direktoren und Hofräte mit Vorschlägen für neue Messinstrumente und Berechnungsformeln bombardiert. Man schneidet und boykottiert ihn. Was ihn nicht davon abbringt, standhaft an sich und seine Fähigkeiten zu glauben. Seit Studientagen arbeitet er am Prototyp für eine

Art Propeller, der Segel und Schaufelrad als Antrieb von Wasserfahrzeugen ersetzen soll.

In Triest putzt er Klinken, um Reeder und Schiffseigner für seine Ideen zu gewinnen. Im Februar 1827 wird ihm das Patent zugesprochen, auf zwei Jahre befristet, eine für ein Vorhaben dieser Dimension viel zu kurze Zeitspanne. Es gelingt ihm, Geld aufzutreiben und ein Probeschiff bauen zu lassen, die »Civetta«. Das Abenteuer endet kläglich. Obwohl sich in der Werft zeigt, dass Ressel keinerlei Schuld am Scheitern des Unternehmens trifft: Das geborstene Rohr weist einen Gussfehler auf, eine Panne bei der Produktion. Kurz darauf wird Ressel ein behördliches Schreiben zugestellt. Es sei ihm bei Strafe verboten, die Maschine zu reparieren, heißt es darin, und weitere derartig gefährliche Testfahrten zu unternehmen. Wogegen Ressel prozessiert. Die Gerichtskosten und die Ansprüche seiner Gläubiger ruinieren ihn, sein Ruf leidet. Und kein Ende der Misere in Sicht. Kurz vor Auslaufen des Patents reist Ressel nach Paris und präsentiert seine Schraube vor einem begeisterten Publikum. In der Aufregung vergisst er, mit der Firma, die sich die Nutzung seiner Erfindung sichert, einen Vertrag in Sachen Gewinnbeteiligung abzuschließen. Er hat Mühe, das Geld für die Rückfahrt zusammenzukratzen und geht auch ansonsten leer aus.

In Triest ein weiterer Rückschlag: Ressel, als Querulant verlacht, wird in die Einöde beordert und tut fortan im Waldgebiet rund um Motovun

Dienst, ein Dorf in Istrien, isoliert von der wissenschaftlichen Welt. Von dort aus muss er mit ansehen, wie die Briten seine Erfindung stehlen, ohne ihn dafür zu entschädigen. Nun ist er vollends verstört. Im Oktober 1857 stirbt er an Malaria, ohne den bahnbrechenden Erfolg seiner Erfindung miterlebt zu haben. In seiner Hand, so die Fama, ein Zettel mit seinem letzten Wille: Man möge dafür sorgen, dass die Schiffsschraube als Österreicherin anerkannt werde.

Triest benennt gleich zwei Straßen nach Josef Ressel und dazu noch einen Wanderweg, der von Basovizza durch die Wälder Richtung Lipica führt. Ähnliches passiert in Wien, Innsbruck, Bozen oder Berlin: Man widmet ihm Sonderpostmarken und Geldscheine, stellt seine Schiffsschraube in Museen aus und ihn selbst auf den Sockel eindrücklicher Denkmäler. Große Ehren, zu spät.

26. August 2019. Boris Pahor feiert Geburtstag. Heute vor hundertsechs Jahren ist er in Triest auf die Welt gekommen. Nun ist er ein Greis. Seine Augen liegen tief in den Höhlen, Falten durchziehen sein Gesicht wie rätselhafte Wege durch eine Landschaft voller Krater, Berge und Täler. In ihnen stecken die Erinnerungen an ein Leben, das kaum je geradlinig verlaufen ist. Der Schriftsteller Boris Pahor hat mehr als ein ganzes Jahrhundert durchmessen und ist unbequemer Bürger seiner Heimatstadt geblieben.

1913 in eine slowenische Familie hineingeboren, leidet Pahor unter den Faschisten, die Minderheiten unterdrücken und ihnen den Gebrauch ihrer Sprache verbieten. Pahor wird 1940 eingezogen, dient im libyschen Wüstenkrieg und wird später als Übersetzer an den Gardasee berufen, wo er bei Verhören mit den kroatischen Kriegsgefangenen dolmetscht. Nach dem Putsch gegen Mussolini kehrt er 1943 nach Triest zurück und schließt sich dem Widerstand an. Bald wird er von der antikommunistischen, katholisch-konservativen Domobranzen-Miliz inhaftiert, die mit der Wehrmacht kollaboriert und ihn nach Dachau deportiert.

Boris Pahor übersteht insgesamt vier Konzentrationslager, ehe er nach Triest heimkehrt und dort als Lehrer arbeitet. Und wieder sitzt er zwischen den Stühlen und steht auf, wenn ihm Unrecht begegnet. Er hat es schwer. In Jugoslawien mag man seine Kritik am Terror der Partisanen nicht hören und schließt die Augen vor den Autonomiebestrebungen der Slowenen. Italien wiederum zögert, sich seiner faschistischen Minderheitenpolitik zu stellen, und sucht die Repressalien gegen die Slowenen zu leugnen. Romane und Erzählbände wie »Nekropolis«, »Blumen für einen Aussätzigen« oder »Piazza Oberdan« brechen das Schweigen auf. Pahor ist ein streitbarer Autor und Denker und darin Kosmopolit, der sich oft verteidigen musste gegen Angriffe von außen. Tagtäglich vom Italienischen umgeben, schreibt er weiterhin auf Slowenisch, spricht Deutsch – ein »Lagerdeutsch«, wie er selbstironisch festhält – und reist durch Europa, um vor den Folgen von Nationalismus zu warnen.

Seine Augen haben viel gesehen. In Triest ankern sie, auch wenn ihm die Stadt viele Steine in den Weg gelegt hat und seine Wort oft nicht hören wollte. Wegziehen? Das kam für ihn nie infrage. »Die Nächte sind immer noch die sich kreuzenden Strahlen aus dem Leuchtturm am Fuße des Trstenik; die Nächte sind immer noch das Rauschen des Meeres«, schreibt er in seiner »Stadt in der Bucht«. »[…] das sind aber auch Nächte, die von Vorhaben und Ahnungen einer Welt, die eine neue Welt sein wird, durchdrungen sind. Vom Meer, das frei sein wird. […] Wie konnte er bloß an die Flucht aus dieser Stadt denken?«

Auch Wanda Wulz bleibt Triest treu. In den dreißiger Jahren ruft man sie und ihre Bilder in die Welt. Sie werden in Ausstellungen in Rom und Mailand gezeigt und in Zeitungen und Magazinen gelobt: als Werke einer der wenigen Frauen ihrer Tage, die eine wirklich eigene Handschrift entwickelt haben. Doch die Zeitspanne, da sie sich künstlerisch fordert und der Avantgarde anschließt, ist kurz. Während Schwester Marion mit ihrer Kamera durch Triest streunt und zahlreiche Dokumente der Stadtgeschichte festhält, findet Wanda Wulz ihren Platz im Atelier und Labor. Sie führt das Werk von Vater und Großvater fort: Porträts, Gruppenbilder, Betriebsfeiern. Ist sie gefangen in der Familientradition? Erst 1981, drei Jahre vor Wandas Tod, lösen die Schwestern, inzwischen alte Damen, beide alleinstehend und ohne Erben, ihr Fotostudio auf.

Sie vermachen ihr Archiv dem renommierten florentinischen Museum und Verlag Fratelli Alinari. Er verwaltet ein kostbares Erbe.

»Io + gatto«, die Katzenfrau Wanda Wulz: Sie ist ein Spiegel dessen, was Triest auch ist: ein Terrain für Charakterköpfe, Freidenker und Pionierinnen.

## Triest hängt am Koffein

*Das San Marco, die Bücher und der caffè: Eine Liebesgeschichte*

> *Das San Marco ist eine Arche Noah, die für alle Platz hat, ohne Vorrang, ohne Ausschluss.*
>
> Claudio Magris

Das San Marco geschlossen? Kann nicht sein. Die Gäste wollen es nicht glauben, als sie am 24. Dezember 2012 ihr Stammcafé in der Via Cesare Battisti ansteuern und die Türen verriegelt vorfinden. Franco Filippi führt das Lokal seit siebzehn Jahren. Sehr untypisch für ihn, ohne Vorankündigung das *Chiuso*-Schild auszuhängen. Entsprechend sorgenvoll blickt man durch die Fenster. Niemand zu sehen, kein Licht, die Kuchenvitrinen leer. Und kein Zeichen, dass sich daran so schnell etwas ändern würde. Was könnte da passiert sein? Die Menschentraube vor dem Lokal diskutiert die Möglichkeiten. Bis einer der Nachbarn vorbeispaziert und von einem Krankenwagen erzählt, der am Vortag vorgefahren ist und den Cafetier ins Spital gebracht hat. Dort ist Marco überraschend verstorben.

Die Nachricht macht die Runde. Man betrauert den Toten, bedauert seine Familie und sorgt sich gleich um sich selbst: Wie würde es weitergehen mit dem Kaffeehaus? Es steht im Besitz der Assicurazioni Generali, der größten Versicherungsgesellschaft Italiens, 1831 in Triest gegründet und bis heute Eigentümerin einer stolzen Reihe von Immobilien. Das Los des San Marco liegt in den Händen von Managern und Bürokraten. Nicht die besten Aussichten für die Zukunft eines Cafés, dessen Wert nicht nur in Zahlen zu messen ist: Es hat bessere und schlechtere Zeiten erlebt, keine wirkliche Goldgrube. Würden die Damen und Herren hinter den feudalen Schreibtischen begreifen, was ein Lokal wie dieses für die Stadt bedeutet? Wie viel von ihrer Seele zwischen den Spiegeln, Fresken und Paneelen wohnt?

Der *caffè* und der *cornetto* zum Frühstück, der *cappuccino* am Vormittag, der *espresso* nach *pranzo* und *cena* und eine *goccia,* ein Kaffee mit einem Tropfen heißer Milch, zwischendurch. Triest hängt am Koffein. Nirgendwo sonst in Italien kultiviert man die Tradition des gepflegten Braunen und Schwarzen mit ähnlicher Passion, nirgendwo sonst ist der Pro-Kopf-Verbrauch so hoch: gut tausendfünfhundert Tassen jährlich. Venedig ist nicht weit, wo dereinst mit dem Florian das erste Kaffeehaus auf europäischem Boden entstand. Händler hatten die Bohnen aus dem Orient mitgebracht, um sie auf ihre Heilwirkung hin zu untersuchen. Was die Frage aufwarf, ob diese *acqua negra bollente,* die dunkle Brühe also, ein Teufelstrank ist oder ein Lebenselixier. Die Kontroverse drang bis in den Vatikan. Nach Begutachtung und Verkostung des Getränks gab Papst Clemens VIII. seinen Segen. Einen derart wohlschmeckenden Trunk dürfe man unter keinen Umständen den Ungläubigen überlassen, so sein Credo. Mit dem Segen des Pontifex eröffneten nun Kaffeehäuser, in denen man das muslimischste aller Getränke ausschenkte.

In Triest begann sein Siegeszug Anfang des 18. Jahrhunderts. In der Folge entwickelte sich die Stadt zu einem wichtigen Umschlagplatz in Sachen Kaffee, mit renommierten Betrieben, die mit den Bohnen handelten, Mischungen zusammenstellten und sie rösteten. Wodurch sich auch das Kaffeehaus im Wiener Stil etablierte und mit ihm Lokale wie das Stella Polare, das Degli Specchi, das Tommaseo oder das San Marco. Den Namen Illy nicht zu vergessen, ein international agierendes Familienunternehmen. Francesco Illy, ein ursprünglich ungarischer Gewürz- und Kakaohändler, erfand die Illeta, einen Vorläufer der heutigen Espressomaschine, und entwickelte ein Verfahren, um Röstkaffee haltbar zu machen: das Fundament für die steile Karriere der seit 1933 existierenden Marke illycaffè.

Auch im wissenschaftlichen Zugang zum Thema Bohne und Genuss liegt eines der Erfolgsgeheimnisse des Konzerns. In jeder Generation der Familie gibt es Chemiker, die im Labor an Röstungen und Zusammensetzungen der einzelnen Mischungen tüfteln, um Kaffee in seiner besten Form auf dem gesamten Globus zu verbreiten. »Papa Bean«, wie man Ernesto Illy, den Sohn des Firmengründers, in den USA nannte, wurde zum Symbol für Kaffee schlechthin. Seine Kinder führen sein Werk fort. An vorderster Front in der Öffentlichkeit Riccardo Illy, der sich auch als Bürgermeister von Triest profilierte und die Stadt wirtschaftlich vorantrieb. Nach Ende der zweiten Amtszeit wechselte er als Abgeordneter nach Rom und kehrte als Regionalpräsident des Friaul wieder heim. Zugleich aber trieb er das Marketing für das inzwischen weltumspannende Imperium voran. Dazu gehört der Aufbau eines universitären Lehrgangs, der das Rätsel der tausendfünfhundert chemischen Komponenten und die tausend olfaktorischen Moleküle des Getränks erforscht und weitervermittelt: anfangs in Neapel, und seit 2002 in Triest, wo die Università del Caffè Gastronomen, Baristas und Produzenten anzieht.

Triest als *città del caffè:* Mission gelungen. Immer noch werden jährlich eine Million Säcke à sechzig Kilogramm von den Schiffen in die Lager verbracht. Ein Teil wird an Röstereien und Kaffeehäuser in ganz Europa geliefert, ein anderer bleibt zur Verarbeitung vor Ort. Entsprechend groß ist die Zahl der Röstereien und Bars, in denen sich Kaffee verkosten lässt. Als *caffè nero, capo* (ein *espresso* mit einem Schuss Milch) oder als *giocca,* je nach Wunsch in der Tasse oder als »B« für *bicchiere* in einem Glas serviert: altmodisch charmant im La Triestina oder im Antico Caffè Torinese, zeitgemäß in den Café-Bars von Illy, die auf Glas und Chrom setzen, in Triest ähnlich wie in London oder Frankfurt, Corporate-Identity-Design.

Und damit nicht jedermanns Sache. Ungleich beeindruckender das Caffè San Marco, ein *locale storico*, wie die historischen Läden und Gaststätten heißen. Es hat eine bewegte Geschichte auf dem Buckel. Eingerichtet wurde es vom Gastronomen und Weinhändler Marco Lovrinovich, dem es gegen den Widerstand der Triestiner Kaffeehausbesitzer gelang, die Konzession für ein Lokal an der Via Cesare Battisti 18 zu ergattern. Keine noble Adresse, zuvor logierte dort die Molkerei Trifolium mit ihren Kühen. Daran erinnert nichts mehr, als Lovrinovich am 3. Jänner 1914 sein überaus elegantes Etablissement eröffnet: Marmortischchen und Stühle von Thonet, blitzende Messinglampen und prächtige Lüster, eine mit kunstvollen Schnitzereien versehene Bar mit Kassa und Kaffeemaschine, Fischgrät-Parkett. Hier wurde nicht gespart. Der Neo-Cafetier hatte Künstler und Kunsthandwerker wie Pietro Lucano, Vito Timmel, Napoleone Cozzi, Giuseppe Barison und Ugo Flumiani eingeladen, die Räumlichkeiten im Stil der Wiener Secession zu dekorieren: mit kostbaren floralen Stuckarbeiten, mit Vignetten, Fresken und Malereien. Sie zeigen Masken aus der »Divina Commedia«, Sinnbilder jener Flüsse, die sich in die Adria ergießen, und Szenen eines symbolistisch aufgeladenen Arkadiens. Und mittendrin, als sich wiederholendes Sujet, der geflügelte Löwe. Eine Hommage an das von ihm verehrte Venedig und dessen Stadtpatron, den Evangelisten Markus, wie Marco Lovrinovich behauptet. Und natürlich huldige er damit auch seinem Vornamen. Beteuerungen, die nur die halbe Wahrheit treffen.

Triest bewundert die Pracht. Man trifft sich zur Zeitungslektüre, zum Billard- und Schachspielen, zum Zeitvertreib, quer durch alle Schichten der Bevölkerung. Zu den eigentlichen Stammgästen aber zählt die irredentistische Jugend. Der Löwe, Symbol der *italianità*, ist eine Einladung: Im San Marco wird mit Duldung des Hausherrn gegen die Habsburger gehetzt und konspiriert und der Anschluss Triests an Italien beschworen. Eines der Hinterzimmer fungiert als Werkstatt für Passfälscher, die ihre Dokumente feilbieten, um antiösterreichischen Patrioten den Weg in ihre eigentliche Heimat zu ebnen.

Am 23. Mai 1915, jenem Tag, an dem Italien an der Seite der Entente in den Ersten Weltkrieg eintritt, wird das Lokal von pro-österreichischen Eindringlingen gestürmt. Sie demolieren das Mobiliar, zerstören die Lampen und Spiegel und zertrümmern die Regale mit den Gläsern und Flaschen. Eine mutwillige Verwüstung, von der sich das San Marco nur schwer erholt. Nach dem Krieg erlebt das Lokal wechselnde Besitzer und Geschäftsführer. Mit Gästen wie Joyce, Svevo, Rilke oder Saba, später mit Giorgio Voghera oder Fulvio Tomizza avanciert es zum Café der Literaten, ein zunehmend stillerer Ort, um sich in Gespräche und in die Arbeit zu vertiefen. Bis das San Marco in eine Art Dämmerschlaf versinkt. Erst die Renovierung der Jahre 1988 und 1989 bringt eine Umkehr und neues

Publikum. Mit Professor Claudio Magris kommen die Studentinnen und Studenten und mit ihnen die Schar lokaler und internationaler Journalisten, die sich mit dem Intellektuellen, Schriftsteller und Essayisten treffen, um seine Meinung zum Weltgeschehen einzuholen. Hier hält er Hof, hier sieht man ihn in seine Notizbücher kritzeln. Das San Marco, so Magris, sei ein Ort des Redens, Schweigens und Schreibens: »Man ist allein, mit Papier und Feder und allenfalls zwei oder drei Büchern, an die Tischplatte geklammert wie ein von den Wellen gepeitschter Schiffbrüchiger. Wenige Zentimeter Holz trennen den Seemann vom Abgrund, der ihn verschlingen kann, es genügt ein kleines Leck, und die schwarzen Wassermassen dringen verderbenbringend ein, ziehen das Boot in die Tiefe.«

Mit dem Tod von Franco Filippi im Dezember 2012 gerät das San Marco in Seenot. Die Arche Noah droht unterzugehen. Was nicht zuletzt auch Claudio Magris auf die Barrikaden bringt. Gemeinsam mit anderen Stammgästen startet er einen Aufruf zur Rettung des Cafés. Eine Art Liebeserklärung. Alexandros Delithanassis, ein junger Buchhändler und Verleger aus der Nachbarschaft, fühlt sich davon besonders angesprochen, entwickelt ein Geschäftskonzept, wird bei Assicurazioni Generali vorstellig und erhält den Zuschlag. Er übernimmt das San Marco, unterzieht es einer vorsichtigen Umgestaltung und präsentiert eine Neuerung: Er hat seine Buchhandlung, früher im Haus schräg gegenüber untergebracht, einfach mitgenommen.

Und mit ihr auch Loriana Ursich, seine langjährige Mitarbeiterin. Gemeinsam verwandeln die beiden einen Teil des L-förmigen Cafés in eine *libreria*. So nennt sie sich zumindest. Denn eigentlich möchte Delithanassis mit seinem San Marco einen Ort der Begegnung für weltoffene Zeitgenossen schaffen. Um die Ecke liegen der Sitz der jüdischen Gemeinde und die Synagoge, schräg gegenüber die Büros der slowenischen Kulturvereine. Seine eigenen Wurzeln führen nach Thessaloniki, in Triest ist er eng mit der griechischen Community verbunden. Entsprechend folgt er seinem Traum, mit der *libreria* die Vielfalt der Kulturen und Sprachen zu feiern. Sie kann sich zudem einreihen in die Liste der schönsten Buchhandlungen auf unserem Erdball und rangiert fast auf einer Ebene mit Lello e Irmão in Porto, mit Ateneo Grand Splendid in Buenos Aires oder Shakespeare and Company in Paris.

Früher Nachmittag im San Marco. Im rechten Flügel des Lokals sitzen ein paar verspätete Gäste beim Mittagessen. Die Vitrine mit den verführerischen Kuchen und *dolci* leert sich, die Damen aus der Umgebung trudeln ein. Es ist Zeit für Zeitungen und einen Tratsch. Während die Tische im linken Flügel schütter mit ein paar Studentinnen und Studenten besetzt sind, die sich in ihre Skripten vertiefen. Die gut gefüllten Bücherborde rundum mahnen zur Ruhe. Herz des Raumes aber ist die ausladende Tafel, über und über mit Loriana Ursichs Schätzen beladen. In Reichweite dazu ihr kleines Kontor.

Von hier aus hat sie alle im Blick. Jeder, der über die Schwelle trete, sei zunächst und vor allem ein Mensch, so Loriana, die seit über dreißig Jahren als *ambasciatrice del libro* tätig ist: Sie nehme ihn als Person wahr und erst in zweiter Linie als Kunden. Und gerade das macht den Erfolg der *libreria* aus.

»Manchmal fühle ich mich wie eine Fischerin, die Angel und Netz auswirft«, erklärt Loriana. Nicht jeder, der hierherkommt, hat gleich Kaufabsichten. Die meisten Touristen verfallen dem grandiosen Ambiente und decken sich freigiebig mit bibliophilen Souvenirs ein. Für solche Gäste hält Loriana Bücher über Triest bereit, darunter auch weniger geläufige Titel wie »Trieste and the Meaning of Nowhere« von Jan Morris oder das wunderbare »Wassergrün« von Marisa Madieri.

Die Einheimischen sind anspruchsvoller. Sie ködert Loriana durch das inspirierte Assortiment an Bänden, die sie ausgewählt hat. Natürlich gibt es die langen Regale, in denen sich die Publikationen zu Kunst, Philosophie oder Musik eng aneinanderdrücken, quer durch die Epochen und Kontinente. In der Mitte des Raumes aber legt sie die literarischen Titel aus, nach Themen und Wahlverwandtschaften geordnet: H. M. van den Brinks »Sull'acqua« neben Ian Kershaws »All'inferno e ritorno«, zwei ganz unterschiedliche Begegnungen mit dem Faschismus und seinem Umfeld. »Gli anni« von Annie Ernaux neben »Vite scritte« von Xavier Marías als Beispiele spannender Zugänge zum Thema Biografie. Das ist Lorianas Handschrift, so ist sie mit ihren Kundinnen und Kunden mühelos im Gespräch. Und so hat sie Neugierige und Stammgäste schnell an der Angel.

Natürlich auch Claudio Magris, dessen Rettungsaktion für das San Marco längst sprichwörtlich ist. Für ihn ist stets Tisch 1 reserviert, ganz hinten im Eck, direkt vor dem großen Spiegel. Er hat im San Marco ein inoffizielles Postfach unter der Kassa. Dort erreichen ihn die Briefe seiner Fans, die man ihm aushändigt, wenn er vorbeischaut. Doch das ist seltener als früher, so Loriana. Es ist ihm inzwischen zu voll geworden, zu laut, zu belebt. Was er sich und seiner Rettungsaktion zuzuschreiben hat. Ein Erfolg – und zugleich ein Wermutstropfen. Die Ironie der Geschichte. Damit hat auch Triest Erfahrung.

# Hier ist Geröll und Tod

*Poesie des Steins: Der Karst*

Alle brauchen Wasser: die Bürger von Triest, die Gastronomen und Landwirte, die Seeleute auf ihren Schiffen, die Arbeiter in den Werften und Fabriken. Doch Wasser ist rar. Vom Hinterland, dem Karst, ist nichts zu erwarten, das weiß man. Das Gestein verschluckt das Regenwasser und lässt es nicht mehr frei. Kein Fluss zu sehen, nicht einmal ein Bächlein. Schon in antiken Zeiten baute man Aquädukte und leitete Trinkwasser von weither in die Siedlungen. Wenn es nicht reichte, wurden riesige Eisbrocken aus den Bergen herantransportiert, um die Bewohner zu versorgen.

Spätestens Anfang des 19. Jahrhunderts, als Triest als Handelsstadt floriert und der Hafen wächst, werden die Ressourcen knapp. Und so engagiert man 1840 einen findigen Ingenieur, dem man die Suche nach Wasser anvertraut: Antonio Federico Lindner, ein junger Mann mit hochfliegenden Ambitionen. Wieder und wieder stapft Lindner über die Hochebenen und vermisst das Gelände mit seinen Augen. Er vergräbt sich in geologische Studien, in Pläne und alte Aufzeichnungen. Die Karten, die er verwendet, haben weiße Flecken, der Karst und sein Inneres sind noch zu wenig erschlossen. Nichts, worauf er setzen könnte. Lindner aber hat Fantasie, seine Überlegungen werden immer kühner: Steckt des Rätsels Lösung im Timavo, einem Fluss, der in der Nähe von Duino aus dem Gestein tritt und ein paar Kilometer südlich in die Adria mündet? Und was, wenn nun dieser Timavo an einer ganz anderen Stelle entspränge als an jenem Ort, wo man bisher seine Quelle vermutete? Lindner beginnt zu rechnen und zu zeichnen. Er zieht eine Linie zwischen San Giovanni al Timavo und dem slowenischen Škocjan. Dort verschwindet ein weiteres Gewässer in einem Abgrund, die Reka, wie ihn die Slowenen einfallslos genannt hatten, Fluss. Und wenn nun dieser Timavo und die Reka ein und dasselbe Gewässer wären und ihr gemeinsames Bett auch die Gegend von Triest streifte? Könnte das möglich sein? Wer weiß? Perspektiven tun sich auf. In Lindner werkt die Verwegenheit des Forschers.

Die Idee fesselt ihn, und er startet mit der systematischen Erkundung des Karsts. Lindner und seine Gehilfen dringen ins Innere des Gebirges vor. Sie entdecken Grotten und Tunnel, legen verschüttete Durchgänge frei, folgen Wasserläufen und seilen sich in die Tiefen ab. Das Licht der Fackeln züngelt die zerklüfteten Wände entlang. Angst ist kein guter Ratgeber. Wer zu viel Fantasie hat, den holt hier der Teufel. Nach elf Monaten endlich der Durchbruch: Über eine Strickleiter steigt Lindner in ein Flussbett ab, dreihundertneunzehn Meter in der Tiefe. Kurz darauf hallt ein Schreien durch die Gänge: Der Timavo ist gefunden.

Triest hat Wasser – und der Karst ungeahnte Sensationen zu bieten: Durchbrüche, Höhlen und Dome mit sagenhaften Tropfsteingebilden soll es dort geben, erzählt man sich in den Kaffeehäusern und Bars. Gerüchte von verborgenen Bezirken unter der Erdoberfläche machen die Runde. Sie schicken Lindner ins Abenteuer.

Schon das Wort lässt die Härte und das Besondere der Region erahnen. *Il carso,* wie der Karst auf Italienisch heißt, »kras« auf Slowenisch und auf Kroatisch »krš«: steiniger und unfruchtbarer Boden, so die Übersetzung. Karst als Ausdruck für eine geologisch spezifische Landschaftsform wird inzwischen auf der ganzen Welt verwendet. Doch der eigentliche Karst, der Urkarst also, zieht sich von Görz über Triest bis zu den Dinarischen Alpen.

Einst haben sich hier enorme Waldflächen ausgebreitet, eine fruchtbare Hochebene. Bis die Römer die Wälder rund ums Mittelmeer abholzten und in ihre Werften transportierten. Die Venezianer holten sich das Holz für die Pfähle, auf denen ihre Stadt ruht. Raubbau an der Natur, die sich davon bis heute nicht erholt hat. Ein Stück geschundene Landschaft, von verhaltener Schönheit.

Wasser hat dem porösen Kalkstein kontinuierlich zugesetzt und dem Felsen unverwechselbare Gestaltungen abgerungen: Karren, Schratten und Dolinen, Türme, Schlotten und Erdorgeln, dazu Trichter und Krater. Eine kantige Szenerie mit bizarren Auswüchsen, scharfen Abbrüchen, Klüften und Schrunden. Dort, wo sich die Vegetation zurückgezogen hat, ist nichts Sanftes in dieser Gegend, sie wirkt schroff und unnahbar. »Hier ist Geröll und Tod. Aber wenn ein Wort aus dir geboren werden soll – küsse den wilden Thymian, der das Leben aus den Steinen saugt.« Große Worte, Scipio Slataper. Karges, unwegsames Terrain, Phantasma und Ort des Schreckens, Symbol für das Leben, das sich gegen Tod und Vergehen zur Wehr setzt. Eine weite Projektionsfläche, nicht nur für Dichter.

Auf den ersten Blick scheint der Karst ein Gebiet ohne Wasser. Regen und Schnee versickern im Gestein und fressen Gänge und Hohlräume heraus. Grotten, die wachsen, aber auch wieder in sich zusammenstürzen, in einem endlosen Kreislauf. Auf diese Weise ist ein mannigfach verzweigtes, labyrinthisches Höhlensystem entstanden, durchzogen von unterirdischen Flüssen, die am Rand des Karsts an die Oberfläche drängen. Man spricht von Karstquellen – doch eigentlich liegen die Ursprünge dieser Bäche im Dunkel des Gesteins.

Könnte es sein, dass der Timavo die Menschen tatsächlich über Jahrtausende hinweg in die Irre geführt hat? In San Giovanni tritt er ans Licht. An gleich mehreren Stellen sprudelt er aus dem Gestein, als breiter, weiß schäumender Fluss, der in schnellen Wellen davonzieht. Er hat es eilig, das Meer lockt. Schon in der Antike fand sich an jenem Ort, da er an die Oberfläche drang, ein Heiligtum. Später errichtete man hier eine Kirche, San

Giovanni in Tuba: ein schlichter romanischer Bau, umgeben von hohen Bäumen, der auf den Ruinen eines frühchristlichen Gotteshauses thront. Unweit der heutigen Mündung des Timavo, jenseits der einstigen Römerstraße, liegt eine Kaverne, und darin ein Mithras-Heiligtum, wie man sie in Europa nur mehr selten findet. Ein sakraler Bezirk, dem Flussgott Timavus geweiht.

Schon Vergil hat den Ort besungen und die Quelle des Timavo mit seinen einstmals neun Wasserarmen in der »Aeneis« bewundert: »Wo er, mit dumpfem Getöse des Bergs, neun Schlünden entrollend,/ Geht zu brechen das Meer und den Schwall an die Felder empor braust.« Ein eindrückliches Bild. Und wenn nun hier, wo das Wasser aus dem Felsen schäumt, der Eingang in die Unterwelt läge, in eine der Höllen, wie Dante vermutete?

*Foibe* heißen die unzugänglichen, Hunderte Meter in die Tiefe reichenden Höhlen und Schächte, die während und nach dem Zweiten Weltkrieg zum Schauplatz grausamer Morde wurden. Jugoslawische Partisanen rächten sich an den Kriegsverbrechen und an der gewaltsamen Unterdrückung ihrer Volksgruppe und warfen Italiener, slawische Nicht-Kommunisten, aber auch unbescholtene Bürger, darunter Frauen und Kinder, in die Klüfte, viele von ihnen lebend. Dort kamen sie grausam zu Tode. Das Nationaldenkmal von Basovizza oberhalb von Triest setzt den *infoibati* ein Denkmal.

Der Karst, ein Mythos. Er sei nichts anderes als ein furchtbarer versteinerter Schrei, so Scipio Slataper. »Die Erde hat keinen Frieden, keine Fugen. Sie hat kein Feld, um sich auszubreiten. Jeder ihrer Versuche reißt und versinkt in den Abgrund. Kalte dunkle Grotten.« Rund dreißigtausend Höhlen soll es im Karstgebiet geben, etwa dreitausend davon sind erkundet, ständig werden neue entdeckt. Die meisten sind leer, nur in einigen wenigen zeigen sich Spuren prähistorischer Besiedlungen. Die Grotta Gigante gilt als eine der imposantesten, mindestens so groß wie der Petersdom. Damit lässt sich Staat machen. Seit 1840 weiß man von diesem überdimensionalen unterirdischen Gebäude. Antonio Federico Lindner hatte es auf einem seiner Streifzüge durch den Karst aufgespürt. Bald schon tummelten sich hier die Speläologen und selbst ernannten Forscher, oft unter gefährlichen Umständen. 1908 wurde die Grotta Gigante für die Öffentlichkeit freigegeben. Sie ist eine der wichtigsten touristischen Attraktionen Triests geblieben.

Eine Treppe führt nach unten, dann fällt die Eisentür ins Schloss. Ein schmaler Weg, schwach beleuchtet und feucht, zieht ins Innere der Grotte. An den Wänden leeres Gestein, keine Blume, keine Flechte zu sehen. Und dann, kurz nach dem Mundloch, beginnt das Spektakel: Scheinwerfer gehen an. Eine Tropfsteinhöhle tut sich auf, riesig groß, gut hundertsechzig Meter lang, über hundert Meter hoch und fünfundsechzig Meter breit. Verkehrte Welt: Draußen im Tageslicht gibt sich die

Natur zurückhaltend und spröd, um sich unter der Erdoberfläche in ihrer verschwenderischen Pracht zur Schau zu stellen. Stalagmiten und Stalaktiten erschaffen fantastische Formen, finden sich zu Gruppen zusammen oder stehen für sich. Stelen wachsen in bizarren Auswüchsen nach oben, keine gleicht der anderen.

Dazwischen die Spuren von Bergstürzen und Einbrüchen, und neue Tropfsteine, in allen Rosa-, Weiß- und Schwarztönen schillernd. Die Augen verirren sich zwischen den Gebilden, die Fantasie bekommt Beine. Wer tanzt da im Palast der Elfen? Tiere lugen um die Ecke. Ein Delfin taucht durchs imaginäre Wasser, ein Adler streckt seine Schwingen aus, ein Kamel reckt seinen Kopf. Ein kleiner Buddha ruft zur Ruhe.

Zwei Pendel in der Mitte der Grotte holen die Besucher auf den Höhlenboden zurück. Das Ozeanographische und Geophysikalische Institut der Universität Triest hat hier eine Messstation installiert, um die Bewegungen der Erde und der Erdkruste zu überwachen. Der hohen Wölbung der Grotte verdankt sich eine spezielle Technik. Zwei überdimensionierte Pendel sind in der Lage, Veränderungen aufzuzeichnen, die mit Laborinstrumenten meist nicht erfasst werden können. Sie reagieren auf das Gewicht der Schneedecke in den Alpen, auf die unterirdischen Wasserströmungen innerhalb der Karstmasse oder auf die Gezeiten: Die Flut lässt Gebirge steigen, unmerklich, aber doch.

Das friulanische Erdbeben des Jahres 1976, eines

der schlimmsten seit Menschengedenken, hat sich hier, in der Grotta Gigante, angekündigt: Man wusste schon Wochen vor dem Ereignis von der Gefahr, allein das genaue Datum ließ sich nur vage voraussagen. Was hätte man also tun sollen, so die Frage der Wissenschaft: das gesamte Friaul für Monate evakuieren?

Die Höhlenromantik zerplatzt. Wer ins helle Sonnenlicht zurückkehrt, blinzelt. Die Grotta Gigante liegt im Herzen des Carso Triestino. Kleine Dörfer durchbrechen das Land. Die Farben des Herbstes blenden, ein pralles Rot, Gelb und Orange, Grün- und Grautöne. Ein Dickicht von Büschen und schmalwüchsigen Bäumen, Kiefern und Steineichen, manchmal nur Macchia und steppenartige Wiesen mit Felsbrocken und Steinen. Flechten kriechen den Boden entlang, Hauswurz nistet im Fels. Eine fast alpin anmutende Gegend, unwirklich nahe am Meer. Luchse, Dachse und Füchse, hin und wieder auch Bären und Wölfe haben hier ein Reservat, dazu Vogelarten wie Wanderfalke, Uhu und Kauz. Wildnis überwuchert die Geschichte. Im Karst wurde zwischen 1915 und 1917 erbittert gekämpft, in harten Wintern, Kälte und Sturm. Wer genau hinsieht, bemerkt die Reste von Schützengräben und Bunkern.

Seen, wie etwa der Lago di Doberdò oder der Zirknitzer See in Slowenien, kommen und verschwinden, je nach Jahreszeit und Witterung. Wo die Bauern im Sommer die Wiesen mähen, sieht man sie im Frühjahr beim Angeln. Felder, dem Felsen abgerungen und mit Steinmauern vor dem Wind geschützt, sind selten, nur ein paar Äcker mit Kartoffeln, Gerste und Mais. Dazwischen Weinberge, in Trockentälern und auf Terrassen angelegt. Am beliebtesten der Terrano, ein dunkelroter, fast schon schwarzer, erdig schmeckender Roter. Wer den Weißen bevorzugt, hält sich an Vitovska und Glera, frische, mineralisch schmeckende Gewächse mit feiner Säure.

Die Strada del Vino Terrano führt von Opicina nach Visogliano und verweist auf die *osmizze*, wo man den lokalen Wein verkosten kann. *Osem* heißt acht, und acht Tage im Jahr durften die Landwirte ihren Wein ausschenken, so das Gesetz aus dem Jahre 1784. Es stammt von Joseph II. und seinem in Wien erlassenen Dekret, das in ähnlicher Art für die dortigen Heurigen galt. Eine Zirkularverordnung, mit der »jedermann die Erlaubnis zuteilwurde, selbst hergestellte Lebensmittel, Wein und Obstmost zu verkaufen und auszuschenken«. Heute sind die Lokale glücklicherweise sehr viel häufiger geöffnet.

Die Dörfer im Karst sind Festungen. Nach außen hin geben sie sich verschlossen, man weiß sich zu rüsten gegen Eindringlinge. Deren gefährlichster ist die Bora. Sie wirft sich wütend über die Hänge, verkrüppelt Bäume und Büsche, reißt Steine von den Dächern und Fenster aus den Verankerungen. Kaum jemand, der sich davor nicht fürchtet und vorsieht. Doch die Bauern haben gelernt, die Bora zu nutzen, wenn sie den *pršut* herstellen, den luftgetrockneten Schinken. Sein Geschmack ist wilder und rauer als der seines Bruders aus dem berühmten San Daniele. Im Karst ist eben manches anders: Die Schweine sind weniger fett, sie weiden auf mageren Wiesen. In ihrem Fleisch aber stecken die Aromen der Karstwiesen, Rosmarin, Salbei, Melisse und Minze. Das schmecke man, behaupten Aficionados. Die Schweine schlachtet man, wenn sie knapp zwei Jahre alt sind. Ihr Fleisch wird eingesalzen und gelagert und später in den offenen Dachboden gehängt, wo es trocknet. Dann soll er ruhig kommen, der Wind. Dem *pršut* tut er gut.

Der Karstschinken wird überall dort angeboten, wo vor dem Haus gehisste Zweige eine *osmizza* anzeigen. Ob in Prepotto, Sgonico oder Colludrozza: Hölzerne Tore sind weit geöffnet, hinter den Steinmauern stehen Tische und Bänke im Freien, in einfachen Schankräumen oder Garagen. Auf Schiefertafeln präsentiert sich das Essen: *pršut*, Käse und Oliven, eine *pancetta*, ein paar harte Eier oder ein gekochter Schinken mit Kren. Und zuletzt noch eine *putizza* mit Nussfülle. Dazu der Terrano, am schönsten mit Blick aufs Meer. Braucht es noch mehr?

Wer im Karst lebt, den hält er gefangen. Viele gehen weg und kehren doch regelmäßig heim, wie von seltsamen Mächten angezogen. Als ob sie die Steine immer wieder zurückrufen würden. »Jeder Felsen, jeder Baum, jeder Strauch, jede/ Straße,/ ein jedes birgt seine Erzählung«, heißt es bei Srečko Kosovel. »Und der Felsen erzählt dir seine Geschichte, eine/ Geschichte über das Leben. Einerlei, ob dieses/ Leben/ ein bitteres und einsames war; es war.«

# Ein Sekretär geht auf Reisen

*Miramare oder: Höhenflüge eines Kaisers*

Wem gehört das gute Stück, und wo soll es nun hin? Es ist kostbar, man sieht es sofort. Gutachter schätzen das Möbel auf gut zwei Milliarden Kronen. Ein ordentlicher Batzen Geld in jenen Tagen, da der Erste Weltkrieg zu Ende ist und der Großteil der Bevölkerung hungert. Wie viele Mäuler könnte man stopfen, wenn man den Sekretär verscherbeln würde? Oder ist es in diesem Fall doch nationale Verpflichtung, ihn als Erbe zu erhalten? Auch das wäre eine Option. Zuvor aber müssen die Besitzverhältnisse eindeutig geklärt sein.

Ein äußerst schwieriges Unterfangen. Das k. u. k. Reich ist zusammengebrochen. Kaiser Karl hat am 11. November 1918 eine Verzichtserklärung unterzeichnet: das Ende der über fünfhundert Jahre dauernden Regentschaft des Hauses Habsburg-Lothringen und die Gründung der Ersten Republik Österreich. Unter den juridischen Spitzfindigkeiten, die es dringend einer Lösung zuzuführen gilt, ist das Problem, wie mit den kaiserlichen Besitztümern – darunter Schlösser, Jagdhäuser, Bilder, Schmuck und sonstige Mobilien – zu verfahren sein würde. Ein Heer von Beamten und Rechtswissenschaftlern ist beschäftigt, die Vermögenswerte aufzulisten. Was steht im privaten Eigentum der kaiserlichen Familie, was darf sich der junge Staat durch eine Art Enteignung überantworten und was wird den Nachfolgestaaten der Monarchie zugesprochen?

Zum Mobiliar, das in Schönbrunn zurückgeblieben ist, zählt ein Damensekretär aus dem Nachlass von Maximilian von Mexiko, dem jüngeren Bruder von Kaiser Franz Joseph I. Man hatte den eleganten Schreibtisch französischer Provenienz auf Schloss Miramare bei Triest im sogenannt höchstrangigen Salon präsentiert, neben anderen Kunstwerken aus aller Welt. Schon bevor die Kampfhandlungen in der Region Triest begonnen haben, war das Möbel nach Wien transferiert und in Schönbrunn in Sicherheit gebracht worden.

Nun, da die Republik erste Gehversuche unternimmt, avanciert der Sekretär zum Zankapfel: Kann ihn Österreich für sich reklamieren oder muss er Italien übergeben werden, das sich Triest einverleibt hat? Rom pocht auf die Rückstellung des Sekretärs und weiteren Inventars aus Miramare. Was man in Wien nicht akzeptiert. Ein langwieriger Rechtsstreit beginnt.

Miramare – oder Miramar, wie es die Österreicher nennen – ist eine der Landmarken an der Küste der Provinz Triest. Wie aus Zuckerguss gebaut, thront das weiße Schloss auf einem Felsvorsprung über dem Meer. Ein beliebtes Ausflugsziel für die Triestiner und über die Uferpromenade von Barcola in einem gut zweistündigen Spaziergang zu erreichen:

eine Art Lungomare, mit Badeplätzen, Bars und Restaurants. Die Jogger, die sich im ausladenden Park von Miramare austoben, sind schneller. Vor den Felsen, die ihn tragen, tauchen Wissenschaftler und Studenten in die Fluten ab und erkunden die Biodiversität von neunzig Hektar Unterwasserwelt, die der WWF Italia unter Schutz gestellt hat. Während sich die Touristen dem Geist der Vergangenheit auf die Spur setzen und den Bildern aus eigenwilligen Kinderträumen nachhängen, wie Susanna Tamaro, gebürtige Triestinerin, schreibt. »Hier könnte Aschenputtel mit seinem Prinzen leben oder König Artus mit seiner Tafelrunde. [...] Stattdessen ist es das Spiegelbild einer Stadt voller Kultur und Geschichte, voller Konflikte und Brüche, eines Ortes, der von vielen als letzter Vorposten vor dem Ende der Welt bezeichnet wird.«

Miramare ist jener Ort, an dem Triest sentimental-verklärt auf seine Vergangenheit zurückschaut: indem man die Erinnerung an den legendären Habsburgerspross Erzherzog Ferdinand Maximilian, den späteren Kaiser von Mexiko, der Triest zur Residenz gewählt hat, hochhält. Von hier aus trieben ihn die Stürme der Zeiten über den Ozean bis nach Mittelamerika, ehe er nach seiner Erschießung in einem Sarg über das Meer und die Geleise der Südbahn in seine Wiener Heimat zurückkehrte. Und so erzählt das Schloss auch die Geschichte eines Mannes, der an seinen Höhenflügen scheiterte. Im Spiegel seiner Vita aber erkennt Triest sich selbst. Oder anders gesagt, mit Ernst Molden: »Wo hat der Kaiser von Mexiko seine Samen vergraben? Es ist zu wenig Licht. Aber auf einmal umarmen gelbliche Häuser die Geleise. Und dort steht ein Leuchtturm. Das ist Triest.«

Erzherzog Ferdinand Maximilian ist ein hochgebildeter, musisch interessierter Mensch und ein Fantast, durch und durch befeuert von dem Ehrgeiz, sich selbst Bedeutung und Nachruhm zu verschaffen. Es gebe nichts Erbärmlicheres, konstatiert er, »als ein apanagierter Prinz [zu sein], der eine sogenannt sorglose Existenz führt«. Voller Elan stürzt er sich in seine Leidenschaften, die Architektur und das Sammeln. Mit gut gefüllter Brieftasche geht er auf Einkaufstour und scheut auch nicht die dunklen Kanäle der Aneignung erlesener Güter. In Granada erbeutet er Reste maurischer Ornamente aus der Alhambra, in Venedig Steinchen aus den Mosaiken des Markusdoms und in Rom Mauerreste von den Caracalla-Thermen. Zugleich startet er zu ausgedehnten Forschungsexpeditionen, die ihn bis nach Brasilien bringen. 1850 wird er Mitglied, später Oberkommandant der k. u. k. Marine – weit entfernt vom Wiener Hof. Vom spanischen Hofzeremoniell und von den Direktiven seines Bruders, der ihn ständig maßregelt und bevormundet, hofft er sich nun endlich zu emanzipieren. Triest, wo er zunächst nur eine Villa gemietet hat, stillt sein Fernweh, der Blick aufs Meer ist ein Versprechen. Der ideale Ort also, um sich seinen Neigungen gemäß zu entfalten.

Im März 1856 erwirbt er auf der Landspitze von Grignano etwas westlich der Stadt ein spektakulär gelegenes Grundstück. Auf einem von drei Seiten von Wellen umbrandeten Felsen wächst in den darauffolgenden Jahren ein imposantes Gebäude aus dem Stein: als weithin sichtbares Zeichen imperialer Prachtentfaltung und zugleich eine der schönsten privaten Visitenkarten des Hauses Habsburg.

Das Triest, wie es Maximilian so schätzt, lädt zum Flanieren und Staunen ein. Die Palais, die Repräsentanzen der Reedereien und Versicherungen und die öffentlichen Gebäude und Hotels spiegeln das Selbstbewusstsein der Bewohner. Provinz ist anderswo. In den Kaffeehäusern und Salons treffen sich die Künstler, Intellektuelle und Honoratioren. Man gibt sich weltoffen und liberal und empfängt Gäste und Zuzüglinge mit offenen Armen.

Eine Hafenstadt, die alles hat, was sich Maximilian wünscht. Er wirft sich mit Verve in die Baupläne von Miramare und begleitet die Entwürfe mit nicht enden wollenden Anregungen und Direktiven. Im Stil des romantisierenden Historismus entworfen und mit romanischen Fenstern und Bögen, Zinnen und Türmchen versehen, wird das Anwesen wie eine Art Leuchtturm über dem Hafenbecken von Triest schweben. Auch bei der Gestaltung der Innenräume lässt sich Maximilian von seiner Liebe zum Maritimen anregen. Sein Schlafgemach hat die Form einer Kajüte, das Arbeitszimmer erinnert an einen Schiffssalon, die blauen

Wandbespannungen aus Seide sind mit Ankern geschmückt: fortan eine der erzherzoglichen Insignien.

Auf dem Areal von Miramare gedenkt Maximilian auch diverse Sammlungen unterzubringen, die er im Laufe der Jahre angehäuft hat. Deren Erwerb treibt ihn regelmäßig in den Ruin. Der Wiener Hof muss mehrfach Mittel zuschießen und beschwört den Verschwender, fortan auf dem Boden der Realität zu bleiben. Was ihm schwer gelingt. Maximilians Interessen sind universell, entsprechend ausufernd sind seine Begierden. Aegyptiaca, Ostasiatika und Chinoiserien, Masken und Kunstgegenstände aus Afrika und Südamerika, in Formalin eingelegte Spinnen, Schnecken und Tausendfüßler, Kitsch und Souvenirs von des Erzherzogs Reisen sollen in Miramare in einem Nebengebäude dargeboten werden. So will er sich und seinen Nachruhm inszenieren, inmitten eines Parks, der an die großen Vorbilder eines Hermann von Pückler-Muskau oder Peter Lenné anknüpft und gleichzeitig mediterrane Traditionen aufnimmt.

Allein die Bauarbeiten ziehen sich hin. Im Dezember 1860 – Maximilian ist inzwischen standesgemäß mit Prinzessin Charlotte von Belgien verheiratet, die eine ordentliche Mitgift in die Ehe eingebracht hat – ist ein Teil des Schlosses bezugsfertig. Nun werden Bilder und Mobiliar aus seinem früheren Triestiner Zuhause, der Villa Lazarovich, in die neuen Räumlichkeiten übersiedelt, darunter auch ein Damensekretär edler Herkunft. Gefertigt von Adam Weisweiler, der im Paris des ausklingenden 18. Jahrhunderts zum Liebling der Adeligen und Bürger avanciert war, zählt er zu den erlesensten Kunstwerken von Miramare. Rosenholz, mit Einlegearbeiten auf vier Seiten. Die Paneele aus türkisem Biskuitporzellan sind mit Ornamenten bemalt und von Gouachen bekrönt. Und das Ganze geschmückt von Applikationen und Dekorationen aus Bronze. Ein eleganter, femininer Schreibtisch und damit eines jener pompösen Geschenke, wie man sie zwischen hochwohlgeborenen Familien auszutauschen pflegt. Die in diesem Fall Bonaparte und Habsburg-Lothringen heißen. Kaiser Napoleon III. lässt den prächtigen Sekretär an Charlotte schicken, Maximilians Gattin. Mit den besten Empfehlungen zur Eheschließung und dem Zusatz, dass er, wie man sich erzählt, dereinst im Besitz der unglücklichen Marie Antoinette gestanden sei, der Tochter von Kaiserin Maria Theresia. Nun ist er heimgekehrt in die Hände ihrer Nachfahren. Womit eine Freundschaft symbolkräftig und strategisch klug befestigt wird.

Ein Schachzug? Kann gut sein. Denn wenig später, im Oktober 1863, versucht Napoleon, den politisch eher naiven, aber ehrgeizigen Maximilian für seine Pläne zu instrumentalisieren: die Eroberung des bei mehreren europäischen Mächten schwer verschuldeten Mexiko und die Installation einer wirtschaftlich und militärisch an Frankreich angelehnten Monarchie. Dem österreichischen Erzherzog trägt er die Position des Kaisers an, verschweigt ihm jedoch, mit welch heftigem Protest der Bevölkerung in Übersee zu rechnen ist. Maximilian, beseelt von der Idee, einen modernen mexikanischen Staat zu konstituieren, ahnt nicht, dass er sich in der Rolle als Marionette Napoleons wiederfinden wird. Er gerät zwischen die Fronten eines Kampfes zwischen konservativen Monarchisten und liberalen Republikanern, die auf die Rückkehr des ehemaligen Staatspräsidenten Benito Juárez drängen. Als dieser neuerlich an die Macht kommt, befiehlt er, den Kaiser zu arretieren. Maximilian, bis zuletzt in Illusionen gefangen, wird zum Tod verurteilt und am 19. Juni 1867 erschossen.

»Mit der Ambition ist's wie mit dem Luftballon; bis auf eine gewisse Höhe zu steigen ist interessant und schön«, schrieb sich der junge Erzherzog altklug in sein Stammbuch. »Man gewinnt einen klaren, weiten Überblick; strebt man höher hinaus, so schwindelt der Kopf, die Fernsicht wird umnebelt und verworren, die Luft wird zu fein, zuletzt stürzt man ganz und gar und bricht sich das Genick.« Fast schon eine Vorahnung seines eigenen Schicksals. Als Maximilians Leiche aus Mexiko nach Europa verschifft wird, ist Miramare immer noch eine Baustelle und der Park noch längst nicht erblüht. In Triest wird sein Sarg nach Wien verladen und schließlich in der Kapuzinergruft beigesetzt. Seine Witwe, die bereits vor der Hinrichtung ihres Mannes nach Europa zurückgekehrt ist, um dort diplomatisch für ihn und seine Position zu intervenieren, wird im Gartenhaus von Miramare interniert. Es haben sich Anzeichen einer Geisteskrankheit gezeigt, die sich nach Maximilians Tod so rasch verstärken, dass man Charlotte nach Belgien bringt und auf Schloss Bouchout von der Öffentlichkeit fernhält, bis sie 1927 stirbt, im Glauben, immer noch Kaiserin von Mexiko zu sein.

Der Wiener Hof entscheidet, Maximilians Lebenswerk zu vollenden. 1870 ist das gesamte Schloss bezugsfertig und bereit, die verzweigte Familie Habsburg auf Reisen und Ferienaufenthalten zu beherbergen. Standesgemäß natürlich. Der schönste und größte Salon ist mit besonders erlesenem Mobiliar ausgestattet. Darunter der Sekretär aus Paris.

Wem also steht das Möbel zu? Der Staatsvertrag von Saint Germain ist noch nicht unterzeichnet, da treffen Briefe aus der Tschechoslowakei, Ungarn oder auch Belgien ein, in denen Ansprüche auf das Vermächtnis der Habsburger angemeldet werden. Das Königreich Italien gebärdet sich forscher, stürmt mit einer Delegation das Wiener Kunsthistorische Museum und beschlagnahmt sechsundsechzig Bilder von Malern wie Tintoretto, Veronese und Bellini. Zurück bleiben die leeren Rahmen. Überdies fordert man den Sekretär ein: Er sei Teil des Inventars von Miramare gewesen, so die Begründung, und dorthin müsse er nun schleunigst retourniert werden. Österreich will das Möbel nicht herausrücken.

Fünf Jahre lang wird gestritten. Akten füllen sich mit Anfragen und Gutachten, Juristen loten die Schlupfwinkel zwischen den Paragrafen aus, ehe man endlich einen Kompromiss ausgehandelt hat: Die Italiener werden mit einer Hälfte von Maximilians wertvoller Autografensammlung abgefunden, dafür überlässt man der jungen Republik den Sekretär. Er ist heute eines der schönsten Exponate im Wiener Hofmobiliendepot. Während Miramare manch anderes hübsche Stück aus dem habsburgischen Erbe hütet und die Salons und Gesellschaftsräume als imperiales Erbe pflegt.

Maximilian hat bis zuletzt von Mexiko aus die Gestaltung seines Triestiner Domizils dirigiert: Er beschäftigte Architekten, Landschaftsplaner, Biologen und Gärtner, die Schloss und Park nach seinen Vorstellungen zu gestalten hatten. Briefe gingen hin und her, mit Anordnungen und Befehlen. Die Gärten sollten die Illusion exotischer Gefilde wachrufen, und dies auf dem harten Boden des Karsts: ein Ding der Unmöglichkeit. Unmengen fruchtbare Erde mussten herangeschafft werden, um den Befehlen Folge zu leisten. In der Ferne saß der Kaiser in seinem Palast, verschloss die Augen vor der Wirklichkeit und suchte sich wegzuträumen aus dem Alltag als zunehmend machtloser Herrscher.

Maximilian habe, so erzählt man sich, noch kurz vor seinem Tod den Auftrag gegeben, zweitausend Nachtigallen aus Triest zu verschiffen und in Schloss Chapultepec, seiner Residenz, auszusetzen. Was nicht passierte.

Und heute? Vögel jubilieren im Park von Miramare. Nach eigenen Melodien. Für sie gibt es keinen Regenten, sie gehören allein sich selbst. So wie die Wellen ungebändigt an die Felsen und Fundamente des Schlosses schlagen. Sie schlagen Triest und der Vergangenheit die Stunden.

# Caro Signor Schmitz! Dear Mister Joyce!

*Literarische Odysseen: Zwei verlorene Söhne kehren heim*

Signor Schmitz lacht viel, ein wohltönendes, tiefes Lachen. Man sei gern bei ihm zu Gast gewesen, erzählt seine Frau, herzlich empfangen von der Fröhlichkeit ihres Mannes. Und eigentlich hat Ettore Schmitz auch Anlass zur Heiterkeit. Ein ehrenwerter Bürger, angesehen als Industrieller und Förderer der Künste, glücklich verheiratet und in seine Tochter vernarrt. Die Familie residiert in einer Villa in San Servolo und pflegt dort vergnügten Umgang mit der besseren Gesellschaft. Das große Herz von Ettore Schmitz wird gerühmt, er gilt als wohltätig und freigiebig. Eigentlich, ja eigentlich könnte er zufrieden sein. Wenn nicht ein alter Schmerz an ihm nagen würde. An manchen Tagen versinkt er in Schwermut und Düsternis. Ob er nicht doch in einer falschen Existenz steckt? Ettore Schmitz fühlt sich zum Dichter berufen. Zwei Romane hat er veröffentlicht, beide unter einem Pseudonym und auf eigene Kosten, und beide sind von Publikum und Kritik fast gänzlich ignoriert worden. Gibt es Kläglicheres für einen Autor als ein Echo wie dieses?

»Ich hab nun endgültig diese lächerliche und

schädliche Sache, die sich Literatur nennt, aus meinem Leben verbannt«, gesteht er seinem Tagebuch, das seiner Selbstanalyse dienen soll. »Nun wird mir noch einmal die Feder, dieses grobe und unbeholfene Instrument, dazu verhelfen, auf den komplexen Grund meines Wesens zu gelangen. Dann werde ich sie für immer wegwerfen und mich daran gewöhnen lernen, direkt aus der Perspektive der Tat zu denken: im Laufen, vor einem Feind flüchtend oder ihn verfolgend, die Faust zum Schlag oder zur Abwehr erhoben.«

Bis es so weit ist, lenkt sich Signor Schmitz mit dem Geigenspiel ab und stürzt sich in den Beruf. Er wird regelmäßig nach London berufen, wo die familieneigene Fabrik für wasserfeste Lacke eine Filiale hat. Dass er seine Englischkenntnisse mediokerfindet und sich mit allerlei Missverständnissen konfrontiert sieht, stört ihn. Und so beschließt er – es soll 1906 gewesen sein –, Sprachunterricht zu nehmen. Er hört sich um. Man empfiehlt ihm einen gewissen Mister Joyce, von dessen pädagogischen Fähigkeiten die Triestiner Bourgeoisie schwärmt. Die zwei verabreden sich, finden einander sympathisch und werden rasch handelseins: Fortan will man an drei Nachmittagen wöchentlich miteinander Vokabel und Grammatik pauken.

Mister Joyce ist zu jenem Zeitpunkt schon gute zwei Jahre in Triest. Eingetroffen – die Geschichte ist längst launige Anekdote – ist er am 20. Oktober 1904, zusammen mit seiner Lebensgefährtin Nora Barnacle. Er sei gleich vom Bahnhof weg verhaftet worden, berichtet er später, weil er in einen Händel mit drei betrunkenen Matrosen verwickelt war. Nach seiner Freilassung erhält er die Nachricht, die Reise von Dublin nach Triest vergeblich unternommen zu haben: Die Stelle als Englischlehrer in der Berlitz School, die man ihm versprochen hat, ist nicht frei. Er sucht fieberhaft nach Arbeit. Als Licht am Horizont tut sich ein Posten in Istrien auf. Also fährt Joyce mit Nora Barnacle weiter ins »maritime Sibirien«, wie er über Pula spottet. Die zwei leben sich ein. Im Frühjahr 1905 aber müssen sie neuerlich aufbrechen, als alle Mitglieder der ausländischen Kolonie wegen eines Spionageskandals ausgewiesen werden.

Triest, zweite Klappe. Diesmal kann Joyce bleiben. Er und Nora verbringen hier die nächsten zehn Jahre, hier werden ihr Sohn und ihre Tochter geboren, hier schlägt sich die Familie mehr schlecht als recht durch. Das Paar ist nicht verheiratet, das spricht sich herum. Ja, schlimmer noch: Man ist ständig verschuldet und schleppt sich von einem Kredit zum nächsten. James Joyce lässt einen Teil seiner Honorare in Bars und Spelunken. Oft wird er von seinem Bruder Stanislaus, der ihm nach Triest gefolgt ist, volltrunken aufgegriffen und nach Hause befördert. Ein düsterer Alltag. »And trieste, ah trieste ate my liver!«, heißt es in »Finnegans Wake«. »All moanday, tearsday, wailsday, thumpsday, frightday, shatterday ...«

Zwischen dem Lackfabrikanten Ettore Schmitz und dem *mercante di gerundii*, seinem Gerundienhändler, wie er Joyce nennt, liegen Welten. Und doch auch wieder nicht. Die Englischstunden, bei denen Signora Schmitz ebenfalls zugegen ist, werden zu Exkursionen durch die Literatur. Die Herren, die der Lebensstil und ein Altersunterschied von gut zwanzig Jahren trennen, kommen einander näher. Joyce, in Triest als Exzentriker belächelt, fühlt sich in seinem Wesen als Dichter verstanden und hat eines Tages das Manuskript seiner »Dubliners« mit dabei, um daraus das Schlussstück vorzulesen, »The Dead«. Ettore Schmitz ist begeistert und gerührt. Er nimmt all seinen Mut zusammen. Er habe früher selbst geschrieben, gesteht er, und zieht verschämt zwei vergilbte Bändchen aus dem Regal, »Una Vita« und »Senilità«. Ob sich Mr. Joyce, des Italienischen und auch Triestinischen längst mächtig, die beiden Bücher ansehen wolle?

Dies abzulehnen, scheint unmöglich. »Schmitz has given me two novels of his to read«, erzählt Joyce seinem Bruder noch am selben Abend. »I wonder what kind of stuff it is.« Groß sind seine Erwartungen offenbar nicht. Was auch Schmitz spürt. Er bereut es fast, seine Romane aus der Hand gegeben zu haben. Sie seien missglückt, sagen ihm seine Ängste. Umso mehr staunt er, als Joyce kurz darauf ganze Passagen aus »Senilità« auswendig rezitiert. »Wissen Sie, dass Sie ein verkannter Schriftsteller sind? Es gibt Stellen in ›Senilità‹, die selbst Anatole France nicht hätte besser machen können.«

Ettore Schmitz alias Italo Svevo, so sein Nom de Plume, ist außer sich vor Freude. Endlich jemand, dem er sich und seine eigentlichen Ambitionen anvertrauen mag. Er sprudelt über, begleitet Joyce an jenem Nachmittag bis nach Hause und will nicht mehr aufhören zu reden. Das Gespräch zwischen Lehrer und Schüler wird zum Diskurs von Dichter zu Dichter. Joyce brütet in jenen Jahren über den »Dubliners« und dem »Portrait of the Artist as a Young Man«, das ihn lähmt und in Zweifel stürzt. Er überlässt Schmitz die ersten drei Kapitel zur Lektüre und bittet um ein ehrliches Urteil. Es fällt scharf und klar aus: negativ für das erste, positiv für die folgenden Kapitel. Joyce ist so beeindruckt von Schmitz' Einschätzung, dass er imstande ist, mit der Arbeit an seinem Buch optimistisch fortzufahren.

Es kommt immer häufiger zu Beratungen. Schon 1906 hatte Joyce erste Ideen für seinen »Ulysses«, der nach 1914 konkretere Gestalt annimmt. Er bestürmt Ettore Schmitz, der vom Judentum zum Katholizismus konvertiert ist, mit Fragen zur jüdischen Identität und Seele. Schmitz avanciert zum vielleicht wichtigsten Modell für den Leopold Bloom. In dessen nächtlichem Streifzug durch Dublin spiegeln sich die Straßen der Altstadt von Triest, wie Schmitz 1927 in einer Vorlesung über James Joyce enthüllt hat. Doch damit nicht genug: Schmitz inspiriert Joyce zur Erzählung »Giacomo Joyce«, als er anregt, Triest als Schauplatz eines seiner Werke auftreten zu lassen. Er legt ihm Freud ans Herz und treibt ihm so manche Flausen aus: Die Bücher von Gabriele D'Annunzio und der Ästhetizismus, dem

Joyce gerade anhängt, seien Talmi. Und sogar Livia Schmitz hinterlässt Spuren. Ihre Haarpracht taucht später in »Finnegans Wake« auf. Fußnoten für die Literaturhistoriker.

Ettore Schmitz, so Stanislaus Joyce, sei der einzige Mensch in Triest gewesen, mit dem sein Bruder einen wirklich intimen Austausch über sein Schreiben gepflegt habe. In jener Phase seines Schaffens sei er in einem doppelten Exil festgesteckt, als missachteter Autor in der inneren Emigration und das an einem Ort, der ihn an Dublin erinnerte: eine Stadt, die trotz der vielen Einwohner klein geblieben ist, dazu die Lage am Meer, die Kanäle, die Vitalität des Dialekts.

Schmitz vermag die Empfindungen seines Freundes nachzuvollziehen. Er greift ihm materiell unter die Arme, indem er ihm weitere Schüler und eine Stelle in der Scuola Superiore di Commercio Revoltella vermittelt und ihn als Englischkorrespondent in seiner Fabrik unterbringt. Umgekehrt macht sich Joyce für den Schriftsteller Svevo stark. Sein erster Versuch, ihm zu angemessener Aufmerksamkeit zu verhelfen, scheitert. Im Triest des beginnenden 20. Jahrhunderts, da sich die *italianità* zu Höhenflügen aufschwingt, weiß man mit den Romanen eines Italo Svevo wenig anzufangen. Sein Porträt des gebrochenen, müde gewordenen Bürgertums sei der Aufbruchsstimmung nicht förderlich, heißt es. Die Helden seien Psychopathen, narzisstisch in ihre Schuldkomplexe und Obsessionen verstrickt. Kein Vorbild fürs Volk. Zudem wirft man Svevo, der Ausdrücke aus dem triestinischen Dialekt verwendet, vor, er beherrsche nicht einmal die italienische Hochsprache.

Kränkende Rügen und Irrtümer. Joyce ist enttäuscht, und Schmitz wohl auch. Im Frühjahr 1923 kommt sein »La coscienza di Zeno« heraus. Nun erfährt er neuerlich, was es heißt, ignoriert und mit Schweigen bedacht zu werden. In seiner Verzweiflung und Niedergeschlagenheit schickt er ein Exemplar des Romans an James Joyce. Der ist inzwischen nach Paris übersiedelt und seit der Veröffentlichung seines »Ulysses« in den Olymp der zeitgenössischen Literatur aufgestiegen. Schmitz klagt ihm sein Leid, Joyce reagiert umgehend: »Warum regen Sie sich auf? Sie müssen wissen, dass es mit Abstand Ihr bestes Buch ist.« Er leitet den Roman weiter. In Paris startet schließlich eine breite Rezeption des Buches, die zögerlich auf Italien übergreift und in eine Reihe von Übersetzungen mündet. Svevo wird als italienischer Proust gefeiert, ein Triumph. Eine Reihe junger Autoren bewundern ihn, darunter Eugenio Montale, Giani Stuparich oder Umberto Saba.

Ettore Schmitz fühlt sich bestätigt, endlich. Er schreibt eine Reihe von Erzählungen und plant eine Fortführung seines »Zeno Cosini«. Doch er zweifelt an seinen Kräften. »Die Zeit der Illusionen ist vorbei«, erklärt er im Freundeskreis. »Ich erlebe höchstens noch einen goldenen Sonnenuntergang.« Kurz darauf, am 13. September 1928, ist er tot, gestorben an den Folgen eines Autounfalls.

Ob Dublin oder Triest, Joyce oder Svevo: Beide Städte verbeugen sich heute vor ihren berühmten Söhnen. Und überhaupt: Triest ehrt und verehrt seine Schriftsteller, ob es Umberto Saba ist, der große italienische Dichter und Seismograf der Veränderungen des 20. Jahrhunderts, oder Fulvio Tomizza, in dessen Büchern sich die Zerrissenheit des adriatischen Küstenlands und seiner Bewohner spiegelt. Spaziergänge orientieren sich an den Stationen ihrer Vita und an den Schauplätzen ihrer Werke. James Joyce aber hat man besonders ins Herz geschlossen. Ihm, dem dereinst als verschrobenen Englischlehrer und Trunkenbold verspotteten Autor, setzt man sich gerne auf die Spur und wandert von seinen diversen Wohnungen zur Berlitz School und seiner bevorzugten *libreria* und Apotheke, von seinen Stammcafés durch die *trattorie* und Bars.

Eine ähnliche Tour durchmisst die Biografie und das Œuvre von Italo Svevo und streift dabei auch das kleine Museum, das man für ihn und seinen irischen Dichterkollegen eingerichtet hat; mit Erinnerungsstücken wie seiner Geige und seiner Feder, mit faksimilierten Briefen, Fotos und Erstausgaben. Eine späte Genugtuung, diese Verneigung und Ehrenrettung vor einem der berühmtesten Künstler Triests? Das allemal. Die Absurditäten menschlicher Existenz. *»La vita non è né brutta né bella ma è originale.«* Das Leben ist weder hässlich noch schön, es ist originell. Zeno Cosini alias Italo Svevo. Hört man ihn lachen?

## Stürmische See

*Leinen los: Wegmarken in die Zukunft*

Ein Stapel alter Teppiche, abgewetzt und fadenscheinig. Teppiche von Nomaden, Dorf- und Gebetsteppiche aus dem Orient, aus Europa und Afrika, klein oder groß und darin so vielfältig wie der Ort, an dem sie ausgelegt werden: der Porto Vecchio, einst ein florierender Hafen und nun ein verlassenes Stück Industrielandschaft.

Ende Oktober 2017 bitten die Künstler Barbara Holub und Paul Rajakovics und die Kuratorin Giuliana Carbi Jesurun zu einem außergewöhnlichen Workshop. Jeder Besucher, so ihre Einladung, möge sich einen Teppich schnappen, ihn durch den Hafen tragen und an einem Platz seiner Wahl ausrollen. Um so einen imaginären Garten zu schaffen, in dem Wünsche üppig blühen: für den Porto Vecchio, für Triest und für sich selbst. Eine künstlerische Aktion im urbanen Raum, dem Diktum von Michel Foucault folgend, wonach der Teppich die Urform eines Gartens sei, »auf dem die ganze Welt ihre symbolische Vollkommenheit erreicht«.

Barbara Holubs Augen leuchten, wenn sie von diesem Ereignis erzählt. Der Porto Vecchio liegt ihr ebenso am Herzen wie die Zukunft Triests. Sie wohnt seit Langem in Wien, wo sie mit ihrem Partner Paul Rajakovics »transparadiso« gegründet hat, eine »transdisziplinäre Praxis zwischen Kunst, Architektur, Urbanismus und urbaner Intervention«. Triest ist ihre zweite Heimat.

Sommer 2000. Barbara Holub ist neugierig. Paul hat ihr oft von Triest erzählt und ist dabei ins Schwärmen geraten: Seine Großmutter stammte aus Gorizia, im Friaul fühlt er sich emotional verwurzelt. Nun sind die beiden auf dem Weg in den Süden. Barbara soll Triest endlich selbst kennenlernen. Bei aller Vorfreude bleibt sie abwartend-skeptisch. Die Stadt ist ein Mythos, ein Spielplatz für Träumer und Fantasten. Und die Realität? Würde sie es mit zahllosen Projektionen aufnehmen können?

Erste Station vor der eigentlichen Ankunft ist Opicina, der Aussichtspunkt hoch über der Küste. Barbaras Blicke ziehen über die Dächer zum Meer und hinüber nach Istrien. »Einfach grandios.« Sie ist hingerissen. *Amore a prima vista* und doch kein Strohfeuer. Wenig später flaniert sie durch die Straßen und Gassen. »Damals lag die Città Vecchia noch ziemlich darnieder. Ich konnte den Stillstand nicht verstehen, in dieser Lage, am Meer und in einer Kulturregion ohne Grenzen. Und damals gab es ja noch kaum Initiativen, dagegen anzugehen.«

Barbara Holub ist fasziniert. In Triest findet sie sich mit all ihren Überzeugungen wieder. »Es ist für mich nicht nur ein physischer Ort, sondern auch Möglichkeitsraum, wie ich es nenne: weil die Stadt keine klare Identität hat, weil alles so fließend ist. Und das Meer öffnet ja ohnehin ein anderes Denken als das Binnenland. Es bleibt immer die Sehnsucht zurück, zu erkunden, was sich hinter dem Horizont auftut.« Erste berufliche Anknüpfungspunkte entstehen, Kurse für Entwerfen – Holub und Rajakovics sind selbst Architekten –, zusammen mit den Universitäten von Wien und Triest, gefolgt von einer urbanen Intervention im Arbeiterbezirk Gretta.

Bei einer Ausstellung im Studio Tommaseo trifft Barbara auf Giuliana Carbi Jesurun, eine der herausragenden Persönlichkeiten des kulturellen Lebens in Triest. Seit mehr als dreißig Jahren engagiert sie sich dafür, zeitgenössische Kunst im Bewusstsein der Menschen zu verankern. Gemeinsam mit ihrem inzwischen verstorbenen Mann Franco Jesurun gründete sie »Trieste contemporaneo«, um Künstler und Kuratoren aus zentral- und osteuropäischen Ländern zu vernetzen. Triest schien dafür ideal. Der Austausch war konstituierendes Merkmal einer Gesellschaft, die in ihren früheren Epochen für ihre Offenheit bekannt war. Daran wollte man anknüpfen und schuf Wettbewerbe und Preise wie den »Concorso Internazionale di Disegno« oder den »Premio Giovane Emergente Europeo«.

Giuliana Carbi Jesurun bietet jungen Künstlern ein Sprungbrett – und fühlt sich doch allein als Ruferin in der Wüste. In Barbara Holub begegnet ihr eine Verbündete: zwei kluge und temperamentvolle Frauen, beide hochkreativ und mit politischem Scharfblick. Barbara ist mittlerweile noch inniger mit Triest verbunden, sie und Paul haben sich eine Wohnung gekauft und beobachten die Gegend mit anderen Augen. Als die beiden eingeladen werden, ein künstlerisches Konzept für den Porto Vecchio zu entwickeln und so eine Art Standortbestimmung anzuregen, winken sie aber ab. Generationen von Architekturstudenten haben sich hier schon ausgetobt. Während man im Rathaus höchst pragmatisch über das Terrain verhandelt. Man munkelt von Hotels, die errichtet werden, von Büros und Firmensitzen global agierender Konzerne, natürlich im Luxussegment. Ein ehrgeizig aus dem Boden gestampftes Gefüge würde die zurückgebliebene Stadt endlich ins Heute manövrieren, versprechen die Investoren, darunter etliche chinesische Unternehmen. Während die Triestiner fürchten, sich fremden Geldgebern auszuliefern und ihre Seele zu verscherbeln.

Barbara Holub spürt die Zerrissenheit. Das Thema Hafen lässt sie nicht los, ihren anfänglichen Vorbehalten zum Trotz. Sie erkundet den Porto Vecchio, läuft die verwilderten Straßenzüge entlang und ist gefangen von der Aura der einstigen Lagerhallen, Magazine und Speicher. Die meisten von ihnen sind verwahrlost und altern mehr oder minder pittoresk. Feuchtigkeit kriecht über die Mauern, Büsche und Bäume wachsen aus den Fenstern. In den Dachböden hängen Fledermäuse, in den Ritzen und Traufen nisten Schwalben. Möwen segeln laut schreiend über die Dächer. Einige Bauwerke trotzen dem Verfall: Die Sottostazione Elettrica und die Centrale Idrodinamica, Umspannwerk und Hydraulikdruck-Zentrale, wurden renoviert und gelten als Industriedenkmäler. Im

Magazzino 26 präsentiert das Museo del Mare die Geschichte des Lloyd. Veranstaltungen beleben das Gebäude weiter.

Schon einmal hat der Tross der Kunst-Aficionados Station gemacht, als Triest 2011 zur Zweigstelle der Biennale di Venezia avancierte. »Das müsste man fortführen«, meint Barbara Holub: Die Serenissima platzt ohnehin aus allen Nähten, da könnte Triest, mit dem Zug in zwei Stunden zu erreichen, ein attraktives Ziel sein. Sie versucht, Schienen zu legen, zusammen mit Paul Rajakovics, Giuliana Carbi Jesurun und der Architektin Elisabetta Porro, die ihr Wissen und lokale Kontakte beisteuern. »Paul und ich waren anfangs zurückhaltend, uns als Österreicher zu involvieren, doch je deutlicher wir unsere Ideen einbrachten, umso klarer hat man uns wissen lassen, wie dringend Triest den Anstoß von außen braucht.« Also bündelt man Inspirationen, um sie in innovative künstlerische Formate zu übersetzen. »Harbour for Cultures«, wie die vier ihr Konzept nennen, basiert auf einer Neuinterpretation der elementaren Bestimmung des Hafens, dem Ankommen und Aufbrechen und dem Handel mit Gütern. Daran anknüpfend soll der Porto Vecchio zum Marktplatz werden für den Austausch immaterieller, humanistischer Güter und darin zum Ideal eines liberalen, selbstbewussten Miteinanders: eine Art Makro-Utopia und Modell für Demokratien von morgen.

Spätestens im 19. Jahrhundert, mit der Blüte der Seefahrt, wächst Triest zu einer Metropole heran, die mit den größten Häfen Europas mithalten kann. Bis 1848, als nationale Zwistigkeiten stärker aufflammten, gilt die Stadt als Schmelztiegel. Es sind noch mehr Italiener zugezogen, dazu Griechen und Levantiner, Slowenen, Kroaten und Serben. Nur ein kleiner Teil der Bevölkerung, etwa zehn Prozent, verständigt sich auf Deutsch, jener Sprache, die der habsburgische Verwaltungsstab präferiert.

Die Politik weiß mit solchen Strukturen nicht umzugehen: Als Kaiser Franz Joseph I. 1848 den Thron besteigt, gelingt es ihm nicht, sein Herrschaftsgebiet zu einen. Triest verfängt sich in einem Dickicht mannigfaltigster Interessen: Den Österreichern ist man wirtschaftlich verbunden, den Italienern geistig, die restlichen Völker werden unterdrückt oder ignoriert, so sie sich nicht freiwillig assimilieren. Binnen vier Jahrzehnten vervierfacht sich die Zahl der Einwohner, um 1910 hat sie die Marke von zweihundertzwanzigtausend erreicht. Die Triestiner beäugen einander kritisch, ohne tiefere Beziehungen anzustreben. Allein die Sprache eint eine wenig homogene Gemeinschaft, sowohl das Italienische als auch der dem Venezianischen entstammende, mit Worten und Begriffen aus dem Slowenischen, Kroatischen, Deutschen und Griechischen durchsetzte Dialekt.

Zugleich offenbart sich ein unglaublicher Reichtum an Initiativen, mit Lesekabinetten und Musikzirkeln, Bibliotheken, Theatern und Verlagen. Vor dem Ersten Weltkrieg gibt es über fünfhundert Zeitungen und Magazine, dazu Kurse für Französisch, Englisch, Ungarisch, Kroatisch oder Albanisch. In den Kaffeehäusern, wo gelesen, diskutiert und philosophiert wird, ist die Welt zu Hause. In den Köpfen der Menschen aber treten die Gedanken auf der Stelle. Triest wird zum Seismografen für den Untergang des Habsburgerreichs und die Krise, die Europa mit dem Ersten Weltkrieg erfasst und die Staaten und ihre Bürger innerlich zerrüttet zurücklässt. So schlingert man Richtung Faschismus.

Als im April 1945 jugoslawische Partisanen die Stadt erobern und für sich beanspruchen, folgen sieben Wochen schlimmster Racheakte. Die Bewohner der Region, vom Krieg gebeutelt, erstarren in Angst und fühlen sich von Gott und der Welt verlassen. Bis die Alliierten eingreifen und der Pariser Friedensvertrag Triest zum »Freien Territorium« erklärt. Die Zone A mit Triest und der nahen Umgebung gerät unter britische und amerikanische Aufsicht, das Hinterland und der Nordwesten Istriens als Zone B unter jugoslawische Militärhoheit.

Trotz der Gesetze zum Schutz der Minderheiten beginnt, in mehreren Wellen, ein Exodus. Etwa neunzig Prozent der italienischen Bevölkerung, die seit Generationen in Istrien wurzelt, flüchtet aus Furcht vor Repressalien, siedelt sich in Triest an oder zieht weiter. Exakte Daten fehlen, Historiker schätzen die Zahl der Aussiedler auf zwei- oder dreihunderttausend. Die *esuli*, wie sie bald schon heißen, treffen auf Misstrauen und Ablehnung.

Triest, fortan direkt am Eisernen Vorhang gelegen, verfällt in Depression, die Grenzsituation schürt neue Ängste. Ungewissheit und Mutlosigkeit machen sich breit. Zumal die Wirtschaftsdaten in den Keller rasseln und bedeutende Firmen und Werften abwandern. Und mit ihnen viele, die in den USA, in Australien oder im übrigen Italien Arbeit suchen.

1954 kommt die Zone A vorerst provisorisch unter italienische Zivilverwaltung, die Zone B wird Jugoslawien zugeschlagen. Es dauert noch bis 1975, bis die Demarkationslinie völkerrechtlich anerkannt ist. Dazwischen liegen Jahre des Wartens und der Enttäuschung darüber, nur eine winzige Figur auf dem Schachbrett der Mächtigen zu sein. Man weiß nicht, wo man lebt. In Niemandes Land.

»Triest ist eine Abstellkammer der Zeit, jenes großen Trödlers, unter dessen Händen die Lorbeerkränze zu dürrem Laub werden und der Ruhm zu Plunder«, so Claudio Magris und Angelo Ara in ihrem scharfsinnigen »Triest«-Buch. »Es ist eine Stadt am Rande, in der man verstehen lernt, dass das an den Rand Gedrängte, das Verdrängte und das Relikt die Hüter der Wahrheit und der Geschichte sind, einer Geschichte des Elends, der Auszehrung, der Finsternis.« Triest gilt als grau und trist. Tagsüber kommen die Busse aus Jugoslawien, da boomen die Geschäfte, doch abends ziehen die Touristen ab. Totentanz auf den Straßen. Hier hausen die Melancholie, der leichte Silberblick, das Schweigen. Es gibt nicht viel zu reden. Selbst die Paläste, Zeugen einstiger Pracht, scheinen tot, die

Häuser in den engen Gassen feucht und duster, die Spiegel blind. »Überdruss die Gegenwart; was die Vergangenheit betrifft / nur Reue; die Zukunft Drohung.« So Umberto Saba.

Etliches hat sich verändert, seit Titos Reich zerfallen ist. Die Stadt scheint ein Stück weit aufzublühen, zu spüren auf den Straßen und in den Bars. Wirklich zusammengewachsen sind die Triestiner noch nicht. Die einen schauen nach Rom, die anderen Richtung Ljubljana, Wien, Berlin oder Paris. Besonders die Jungen haben es schwer. Die Universität, eine international renommierte Forschungseinrichtung in Sachen Naturwissenschaften, entlässt die exzellent ausgebildeten Absolventen ohne Aussicht auf Karriere. Attraktive und gut bezahlte Arbeits- und Forschungsplätze sind im Friaul kaum zu finden, die Mieten klettern unaufhaltsam nach oben und sind für Familien mit kleinen Kindern unerschwinglich. Resignation lähmt die Kräfte.

*»Non se pol.«* Triestinisch für *»non se puo«*, es geht nicht, es ist nicht möglich. Wie oft hat Barbara Holub diesen Satz gehört? Er ist typisch für die Bewohner der Stadt und die kollektive Angst vor Veränderungen. Alles soll so bleiben, wie es ist. Nur keine Anstrengung, sich mit Ungewohntem zu konfrontieren, kein Blick zurück und schon gar keiner nach vorn. *»Non se pol.«* Drei Worte nur, und jeder Vorschlag ist vom Tisch. Barbara Holub lässt sie nicht gelten und verteidigt ihre Pläne für »Harbour for Cultures« gegen alle Widerstände. Es muss gelingen. Und sie hat Erfolg. Workshops,

Ausstellungen und Projekte im und um den Porto Vecchio sensibilisieren die Triestiner und binden Gäste von außen in die Betrachtungen ein. Das Konzept strahlt über die Grenzen hinaus und macht den Hafen auch international zum gedanklichen Versuchslabor in Sachen Identität: in einer Zeit radikaler Globalisierung von besonderer Relevanz. China hat angekündet, gleich zwei moderne Seidenstraßen auszubauen, anknüpfend an das Netz traditioneller Routen. Die maritime Passage, so das Vorhaben, wird in Triest und Venedig starten und enden. Wohin also steuert die Stadt und was bedeutet das für Europa?

Der Porto Vecchio als imaginäre Landkarte für die Fahrt gen Zukunft: eine weitere künstlerische Intervention des Künstler- und Kuratorenteams von »Harbour for Cultures«. Diesmal möchte man Triest als Schnittstelle zwischen Norden und Süden, Westen und Osten und als Tor zu Afrika neu verorten. Jeder Teilnehmer bekommt einen Plan der Anlage in die Hand gedrückt. Man möge sich, so die Aufforderung, durch den Hafen treiben lassen und seine Wünsche ganz konkreten Gebäuden und Straßen zuordnen. Ein inspirierendes Ausloten der Perspektiven für Triest.

Der Porto Vecchio wird zur erdachten Stadt: mit dem Labor der Träume, dem Boxring der Debatten und der Lounge der Menschenrechte. Mit dem Strand der Engel, dem Department für unentdeckte Talente und dem Kontor für Take-away-Ideen. Mit dem Wartesaal für Tyrannen, dem Leuchtturm der falschen Horizonte und der Fabrik der vagen Wellen, wo festgefahrene Situationen wieder zu fließen beginnen.

Triest setzt Segel und bricht auf. Leinen los, der Kompass schlägt aus. Die Sterne weisen den Weg.